SOCIÉTÉ ROUENNAISE

DE

BIBLIOPHILES

EXEMPLAIRE D'ÉDITEUR..

GARABY DE LA LUZERNE

SATIRES INÉDITES

PUBLIÉES

AVEC UNE INTRODUCTION

PAR

EUGÈNE DE BEAUREPAIRE

ROUEN

IMPRIMERIE DE ESPÉRANCE CAGNIARD

rues Jeanne-Darc, 88, et des Basnage, 5

M D CCC LXXXVIII

INTRODUCTION

GARABY DE LA LUZERNE

D'APRÈS DE NOUVEAUX DOCUMENTS

Antoine Garaby ne peut être mis au nombre des poètes dont les noms appartiennent à l'histoire générale de la littérature française. Cependant, sans le sortir du milieu provincial qu'il affectionnait et qui lui convient, il est juste de reconnaître, à tout prendre, que l'auteur des *Sentiments chrestiens*, des *Essais poétiques* et des *Satires*, ne manque pas de relief et n'est pas un écrivain à dédaigner. Ses aptitudes variées, son style facile, son esprit observateur expliquent l'attention sympathique que lui ont témoignée les critiques normands, sans qu'il y ait à faire une trop

large part à la bienveillance d'amis et de compatriotes (1).
Toutefois, le mérite qu'on doit lui attribuer, quelque réel
qu'il soit, n'aurait pas suffi à nous faire entreprendre une
nouvelle étude de ses œuvres, si la lecture d'un manuscrit
entré, il y a une vingtaine d'années, à la Bibliothèque
nationale, et d'un recueil de correspondances analysé tout
récemment par M. Taphanel, et qui m'a été fort gracieu-
sement communiqué par son propriétaire, M. le marquis
de Caligny, membre de l'Institut, n'étaient venus modifier
profondément mes impressions primitives (2).

(1) *Les origines de la ville de Caen,* par Daniel Huet. Rouen,
Maurry, 1706, p. 428. — *Antonii Hallæi regii eloquentiæ profes-
soris opuscula miscellanea.* Caen, Cavelier, 1675, pp. 323, 330, 335,
382. — *Histoire sommaire de la Normandie,* par Masseville, t. VI,
p. 423. — *Antoine de La Luzerne Garaby ; étude et appréciation
de ses œuvres,* par M. Victor Evremont-Pillet. Saint-Lô, Elie fils,
1856. Extrait de l'*Annuaire de la Manche, 1856,* p. 65-78. —
Biographie normande, par Th. Le Breton, t. II, p. 103. — *Manuel
du Bibliographe normand,* par Edouard Frère, t. II, p. 9. —
Nouvelle biographie normande, par Mme Oursel, t. I, p. 140. —
*Un académicien de province au XVIIe siècle : Antoine de la
Luzerne, d'après sa correspondance inédite,* par M. Taphanel.
Versailles, 1887.

(2) Le manuscrit de la Bibliothèque nationale comprend 393 pages
et porte le n° 330 du Fonds français des nouvelles acquisitions. Il a
été acheté, pour le compte de la Bibliothèque nationale, par M. Léopold Delisle, en 1865. Au bas de la page qui porte le titre, on lit la

Après avoir parcouru ces documents, curieux à plus
d'un titre, il nous a semblé que les appréciations dont
Garaby a été l'objet jusqu'ici, malgré leur côté favorable,
laissaient quelque chose à désirer, et appelaient un complément.

Vérité ou illusion, cette conviction a été le motif déter-
minant de notre travail.

Antoine Garaby naquit le 18 octobre 1617 au château
de la Luzerne, dans la paroisse de Monchaton, près
Coutances. Il était fils de Bernard Garaby de la Luzerne
et de Françoise de Pierrepont. Les Garaby, comme les
Pierrepont, occupaient une situation élevée dans le pays.
Ils portaient, dans leurs armes, *d'azur à trois pals d'or,
au chef cousu de gueules chargé d'un lion léopardé
d'argent.* L'enfance du poète fut maladive et s'écoula,
sans incident notable, à Troismonts, habitation élégante,
située aux environs d'Harcourt, dont le nom, interprété

note suivante, écrite par son dernier propriétaire : « J'ay acheté ce
» manuscrit d'Antoine Garaby de Pierrepont la Luzerne à la vente
» de la dame veuve de Caligny d'Huberville, le 25 juin 1849. J. P. P.V.
» Delalande, avocat à Valognes. » Le recueil de correspondances,
appartenant à M. le marquis de Caligny, est le complément du recueil
de poésies. Il parait avoir été écrit, partie par un copiste, partie par
Garaby lui-même, et était destiné à l'impression. Les lettres qu'il
renferme sont comprises entre les années 1643 et 1677.

2

comme un heureux présage, revient perpétuellement sous
la plume des versificateurs et des écrivains de son entou-
rage. Il eut d'abord pour précepteur un homme aussi
modeste qu'instruit, l'abbé Dyénis, auquel il garda toujours un souvenir reconnaissant (1). Un peu plus tard, il
vint se fixer à Caen et y termina ses études sous la
direction d'Antoine Halley, professeur royal d'éloquence
à l'Université et principal du collège du Mont.

Les impressions que laissa dans son esprit cet enseignement distingué furent aussi vives que durables.
Condisciple de Brébœuf (2), il devint bientôt le correspondant de l'abbé Ménage, du poète Bourbon, du savant
bibliothécaire Du Puy et de l'auteur de la Pucelle, Cha-
pelain. Il se lia aussi d'une manière plus ou moins étroite
avec la plupart des personnages distingués de la ville :
Samuel Bochart, Moisant de Brieux, des Yveteaux, l'avocat

(1) L'abbé Dyénis mourut au mois de juin 1660. Garaby lui com-
posa une épitaphe qu'il a pieusement recueillie dans ses *Miscellanées
Antonii Garabii Petrepontii Luzernœi opuscula Miscellanea*,
p. 165.

(2) Dans l'éloge qu'il a consacré à l'auteur de la traduction de la
Pharsale, Garaby s'exprime en ces termes : « Excipiebamus ambo
Cadomi, sub eodem præceptore, instituta Rhetorices non sine quadam
æmulatione ; quanquam ille, addictior lectioni, utpote melancolica
indole capessendis litteris, secundum Platonem, omnium aptissima,
mihi palmam facile præriperet. (*A. Garabii... miscellanea*, p. 150.)

du Torp, Caillières, les abbés Bardou et Hullon, le père Rabigeois de l'Oratoire, les PP. Pelletier et De La Rue de la Compagnie de Jésus, le peintre De la Haye, et le plus célèbre de tous, Daniel Huet.

A elles seules, ces amitiés illustres auraient pu déterminer une vocation littéraire ; mais, dans la circonstance, malgré ses attaches de famille, tout concourait à détourner Garaby des carrières actives et à imprimer à ses idées la direction qu'elles suivirent.

S'il possédait, en effet, au jugement de ses contemporains, dans une large mesure, les dons de l'esprit, il était, en revanche, laid, difforme et d'une extrême faiblesse de complexion. « La nature, nous dit Huet, pour relever » la beauté de son esprit, l'avait logé dans un corps » difforme, et avait étrangement défiguré sa taille et son » visage. (1) »

Au moral, malgré son attachement aux principes d'autorité et aux idées reçues en matière de religion, il se faisait remarquer par la liberté de ses allures et par une complète indépendance d'opinions. Son tempérament l'éloignait de la profession des armes ; son humeur peu disciplinée, son goût pour les *belles sociétés* et un penchant inné à la gauloiserie, qu'il ne se donna jamais la

(1) *Les Origines de Caen*, éd. 1706, p. 428.

peine de réprimer, ne lui permettaient guère de songer
aux fonctions ecclésiastiques. N'était-il pas dès lors naturel
que, condamné par la force des choses à une vie désœuvrée,
il cherchât dans la culture des arts et des belles-lettres
une noble distraction à ses ennuis? Cette voie, dans
laquelle il entra résolument dès sa première jeunesse,
était si bien la sienne qu'il y persista jusqu'à la fin sans
hésitation comme sans défaillance.

En dehors de procès nombreux qu'il suivit avec un soin
scrupuleux, non sans quelque habileté, sa vie, toute
simple et unie, ne nous offre que deux événements
notables. Au mois d'août 1662, son oncle Hervé de Pierrepont, gouverneur pour le Roi de la ville et place de
Granville, mourut sans enfant et lui laissa la moitié de sa
fortune et notamment la grande terre d'Estienville en
Cotentin. Il exprimait dans son testament le désir que son
légataire ajoutât le nom de Pierrepont à son nom patro-
nymique. Garaby n'eut garde de manquer à cette recommandation, et c'est pour cela que sur le titre du volume
des Miscellanées il porte les noms de : Antoine Garaby
Pierrepont de la Luzerne (1).

(1) Bonorum ex semisse hæredem Antonium Garabium Luzernæum
sororis filium unicum reliquit; atque ut singularis sua in eum bene-
volentia delatæque hæreditatis accretio innotescat utriusque familiæ
juncta cognomina coalescere in unum præcepit. (A. *Garabii Miscellanea*, p. 155).

Ce fut peut-être aussi pour se conformer aux intentions de ce généreux parent que, deux ans après, en 1664, il épousa, par l'entremise de Mme de Matignon, dont il était l'un des assidus, Mlle de Vassé. Cette union, célébrée par Halley dans un épithalame, et que Garaby annonça à l'un de ses parents par un billet d'une égrillardise qui choquerait aujourd'hui les moins scrupuleux, ne fut pas féconde ; mais, à défaut de cette satisfaction, elle lui donna un bonheur raisonnable dont il sut se contenter. Sa femme, par une favorable rencontre, avait tous ses goûts et *un heureux destin les avait associés en corpz, en esprit, en fortune et en affections.*

« Les châteaux d'Estienville et de Troismonts, écrit l'un » de ses biographes, furent bientôt, grâce à l'amabilité et » à la libéralité de leurs hôtes, les mieux hantés de toute » la Normandie. De hauts personnages, comme les Belle- » font, les Saint-Géran, les Beuvron, les Matignon, les » Roquelaure s'y rencontrèrent sur un pied d'égalité » parfaite avec les savants et les poètes de l'Académie » de Caen. » (1)

Les goûts littéraires de Garaby avaient été toujours si prononcés, nous pourrions même dire si exclusifs, que, bien que mêlé par sa famille au monde officiel, il avait

(1) *Un académicien de province au XVIIe siècle,* p. 28.

toujours suivi avec une indifférence à peu près absolue les
événements si graves qui s'accomplissaient sous ses yeux.
Le spectacle étrange que lui avait offert la Fronde avec ses
péripéties romanesques l'avait rendu plus détaché encore
de toute ambition mondaine, plus sceptique, plus enclin à
l'observation philosophique et à la satire.

Les disgrâces qui atteignirent, dans ces circonstances,
ses amis et ses proches, ne le trouvèrent certainement
pas insensible ; mais il n'en perdit pour cela ni sa causticité, ni sa clairvoyance, et, au milieu des remue-ménage
les plus extraordinaires, il sut garder une tranquillité
d'âme stoïque et imperturbable.

« L'opiniatreté de cette femme, écrit-il dans une de ses
» lettres, en parlant de Mme de Longueville, n'est-elle pas
» admirable ! Cela me ferait croire, si j'étais malin, que
» le petit tireur aux yeux bandés serait de la partie pour
» ne rien dire du Jardinier des anciens. » (1)

Les brigues du coadjuteur, pour obtenir le chapeau, ne
l'intéressèrent pas moins, et il ne manqua guère d'indul-
gence qu'à l'égard de ses compatriotes de Caen, dont les
démonstrations serviles, au moment de l'entrée du comte
d'Harcourt, envoyé spécial du cardinal de Mazarin, lui
semblèrent décidément excessives.

(1) Correspondance. Ms. de M. le marquis de Caligny.

Le 27 mars, il écrit à Du Puy, du château de Thorigny,
où il était chez le comte de Matignon :

« Le dos tourné au feu, le nez dans le livre du bon
» citoyen Machiavel, je me sens interrompu par le bruit
» des canonades que la ville de Caen tire à l'entrée du
» comte d'Harcourt. Si j'y avois été present, je pourrois
» vous en informer plus particulièrement, mais comme
» mon règne n'est pas de ce monde et qu'un homme qui
» a des amis et parents dépossédez n'est pas d'humeur à
» se faire de festes, je ne vous en parleray que par dessus
» et vous diray que ce pays, qu'on nomme le pays de
» sagesse, est le pays des fols aussi bien que des autres.
» Nous avons un lieutenant général, grand de taille et de
» biens, ragot de sens, qui croit bien se venger de la
» surséance que M. de Longueville luy avoit apportée en
» l'exercice de sa charge (ce qui mesme luy démonta
» pour un instant les ressorts de son sinciput) en faisant
» des efforts extraordinaires d'éloquence et de dépense
» pour rendre la venue de ce gouverneur plus magni-
» fique.

» Les maires et eschevins ont tout exprès fait faire
» robes neufves et barettes, et en cet équipage sont allés
» une demi-journée au devant. Ceux qui n'auroient pas

» sçeu la dignité de leur magistrature les auroient pris
» pour masques de la Mi-Caresme. » (1)

Quant à la règle de conduite que lui suggère la vue des
variations, des calculs misérables et des vaines agitations
du monde politique, il la formule en ces termes à l'adresse
de son correspondant habituel :

« Il faut, si je ne me trompe, tenir de bonne heure bende
» à part et commencer par un général détachement de
» toutes les choses qui dépendent de la fortune, renoncer
» mesme à cette sotte sympathie qui nous engage bien
» souvent dans les intérêts d'un parti plutost que en
» l'autre, sans en sçavoir le pourquoy et, prenant le temps
» comme il vient, n'en sentir les disgraces ni avant ni
» après le coup. Voyla un petit echantillon de ma morale
» que je tiendrois orthodoxe si elle obtenoit votre appro-
» bation. » (2)

Un homme de cette trempe, s'intéressant infiniment
plus aux vers de Bourbon et aux quatrains de Pibrac
qu'aux batailles ou aux intrigues de la Cour, était appelé
tout naturellement à faire partie de l'Académie établie à
Caen en 1632.

Grâce à l'amitié que lui portait le fondateur de l'insti-

(1) Correspondance. Ms. de M. le marquis de Caligny.
(2) *Idem.*

tution, Moisant de Brieux, il en fut l'un des premiers
membres, et il s'y était si bien attaché qu'il est fort
peu d'événements la concernant, dont il ne fut aisé de
retrouver la trace dans ses vers.

C'est aussi, croyons-nous, par l'attrait qu'avait pour lui
la société lettrée et polie de la ville que s'explique l'affection
particulière de Garaby pour cette résidence. En toute occasion, il proclame Caen sa patrie adoptive, ne la quittant
qu'avec peine, y revenant toujours avec joie, et la célé-
brant, du fond du Cotentin, dans des vers attendris où
respire comme la vague tristesse de l'exil :

> Hujus ut aspectu cœli carui, omnia retro
> Versa mihi; carui luce, salute, jocis :
> Hujus ut aspectu potero gaudere, salutem
> Cum solitis referet lux repetita jocis (1).

Garaby mourut à l'Isle-Marie, le 4 juillet 1679. Il était
âgé de soixante-deux ans. Sa succession fut déférée pour
moitié à son frère consanguin, Léonor de Garaby, conseiller du Roy en sa Cour des Aydes à Rouen; mais celui-
ci ne l'accepta que sous bénéfice d'inventaire (2).

(1) Ad Jacobum Mosantum Briosum, Academiæ cudomensis hospi-
talem socium... A Garabii miscellanea, p. 95.

(2) Aveu de Léonor de Garaby, escuyer, seigneur de Troismonts,
Mouchaton et Flagy, conseiller du Roy en sa Cour des Aydes de

3

Les dernières années de notre poète avaient été attristées par la mort de son parent, Moisant de Brieux, et surtout par celle de son vieux maître et de son meilleur ami, Antoine Halley. Conformément à ses volontés, son corps fut inhumé dans le chœur de l'église d'Estienville, à côté de celui de son oncle, Hervé de Pierrepont. L'épitaphe de l'auteur des *Sentiments chrestiens* ne pouvait être décemment rédigée qu'en vers. Un poète anonyme se chargea de ce soin et libella le quatrain suivant, mis dans la bouche du défunt à l'adresse de son voisin de sépulture :

> Cher parent, ici bas je n'ai pu te connaître :
> Nous étions séparés par le temps et les lieux ;
> Mais quand l'Éternité pour moymesme va naistre,
> J'espère te rejoindre et t'embrasser aux Cieux.

Au-dessous, on lisait l'inscription proprement dite. Elle était conçue en ces termes : « Dans ce chœur repose, » Antoine de Garaby de Pierrepont, seigneur de la » Luzerne, d'Estienville et de Ronceray, moraliste et » poète, chevalier de Saint-Michel, né à Montchaton,

Normandie, héritier par bénéfice d'inventaire de feu Antoine de Garaby, seigneur de la Luzerne-Estienville, son frère, 1680. Signé de Garaby-Troismonts (Archives de la Seine-Inférieure).

» le 28 octobre 1617, mort à l'Isle-Marie, le 4 juillet
» 1679. » (1)

Si l'on met de côté un petit volume qui a été fort peu
consulté jusqu'ici, les *Essais poétiques*, un recueil de
lettres et le manuscrit de la Bibliothèque nationale, dont
nous avons précédemment parlé, la bagage littéraire de
la Luzerne se réduit à trois ouvrages : les *Ballades et
sonnets* présentés au Puy de la Conception, les *Miscellanées* (2), enfin, les *Sentiments chrestiens, politiques et
moraux.*

Edité en 1641, ce dernier volume fut réimprimé en 1654,
avec de grands changements, sous ce titre : *Sentiments
chrestiens, politiques et moraux, maximes d'estat et de
religion illustrées de paragraphes selon l'ordre des quatrains par le sieur de La Luzerne-Garaby* (3).

(1) M. Evremont Pillet, à l'excellent travail duquel nous avons emprunté ce texte, nous apprend que Garaby avait donné à l'église
d'Estienville le tableau qui occupait la contretable du maître-autel.
— *Antoine de La Luzerne-Garaby : étude et appréciation de ses
œuvres*, par Victor Evremont-Pillet.

(2) *Recueil de ballades et sonnets présentés au Puy de l'Imma-
culée-Conception, dédié à Messire Pomponne de Bellièvre*, in-4°
sans date. — *Ant. Garabii Petropentie Luzernœi miscellanea.* Caen,
Marin Yvon, 1664. In-4° de 156 pages.

(3) *Sentiments chrestiens, politiques et moraux. Epître dédi-
catoire.* Caen, Marin Yvon, 1654.

Les paraphrases des psaumes, les vers à l'honneur de la Conception immaculée de la sainte Vierge, et les épigrammes latines ayant la même destination, qui remplissent à peu près exclusivement les deux premières publications, se ressentent de l'extrême jeunesse de leur auteur. Ce sont, dans toute la force du terme, des exercices scolaires, attestant une grande facilité naturelle et une certaine connaissance de la langue et du rhythme, mais trop insignifiants pour servir de base à une réputation littéraire. Quant aux pièces de circonstance, qui se mêlent de temps en temps aux poésies sacrées, elles présentent le même caractère. N'est-il pas, d'ailleurs, évident qu'elles ont perdu pour nous leur principal mérite : l'a-propos, l'actualité? Sans doute, on peut encore y glaner quelques renseignements utiles, mais ces bonnes fortunes sont rares et déguisent mal le vide des pensées et l'absence d'inspiration.

Les *Sentiments chrestiens* méritent un plus sérieux examen. Considérée dans son ensemble, la composition accuse des visées morales et philosophiques dignes d'être notées. Le public en jugea ainsi, car il est remarquable que, dès le jour de son apparition, elle valut à Garaby, à défaut de célébrité, une notoriété des plus honorables. A cet égard, l'écrivain partageait la manière de voir de ses lecteurs.

De tous ses ouvrages, c'était celui qu'il estimait le plus,
et dans la préface de la deuxième édition il a pris soin de
faire connaître son opinion à Mgr de Matignon, évêque de
Lisieux, auquel le volume était dédié, et cela dans les
termes les plus naïfs et les plus originaux : « Que si
» l'estime que fait un homme de son travail, lui dit-il,
» en peut rendre le don plus considérable, je ne vous cèle
» pas, Monseigneur, que celuy-ci est le seul que je n'ay
» point de honte d'advouer et avec lequel je courray
» toujours plus volontiers fortune. Il a des frères, et qui
» peut-estre ne sont pas sans recommandation ; mais,
» pour luy, il succède par préciput aux affections du
» père. » Il y voyait encore, pour employer ses expres-
sions, « une œuvre non d'imagination ou de mémoire,
» mais d'entendement, la pierre de touche de toutes ses
» estudes, le veritable charactère de ses sentiments. »
Au fond, le travail se réduisait à une sorte de *vade-
mecum*, où des préceptes de politique, de morale et de
savoir-vivre, étaient amalgamés en quatrains, composés
suivant la formule mise à la mode par la vogue de Pibrac
et de ses disciples. Garaby se rangeait en toute humilité à
la suite du maître :

« Mon premier dessein, nous dit-il, n'étoit que de
» former quelques maximes pour ma conduite particulière.
» Et parce que la mesure et cadance des vers les pou-

» voient rendre plus agréables a lire et plus faciles a
» retrouver dans ma memoire, je pensay dès lors qu'il
» seròit à propos de les raccourcir dans les limites des
» quatrains, ayant en cela pour exemples les autheurs du
» petit livre tout d'or de l'Eschole de Salerne, un Matthieu,
» un Pibrac et plusieurs autres.... Je ne doute pas qu'il y
» en ait a qui un style, trenché de si court, ne plaise pas,
» esprits semblables aux médecins méthodiques qui vont
» aux remèdes à plein verre, à pleine bouteille. En cela
» j'ay suivi mon goust particulier que je ne croy pas fort
» esloigné de raison. J'imite les chimiques qui cherchent
» l'essence non la quantité des choses, qui contraires aux
» Méthodiques ne présentent leurs drogues qu'avec la
» cuiller. En sorte que ce ne sera point m'offencer de me
» croire ennemi formel de la harangue, c'est a dire du
» discours trop diffus. Il me faut du solide, non de la
» crême fouettée ou du galimatias qui en est presque
» inséparable. *Discentibus convenit prolixior oratio,*
» *scientibus brevior : illa ducet, hæc monet* (1). »

Après cela, il est bien entendu que, si le lecteur ne
goûte pas ces oracles sybillins, et ne considère pas, en
fin de compte, le quatrain dogmatique comme le dernier
mot de la poésie, il ne peut en accuser que la dépravation

(1) *Sentiments chrestiens, politiques et moraux.* Préface au
lecteur.

de son goût, l'insuffisance de ses études ou la faiblesse de son esprit. La Luzerne ne transige pas sur ce sujet, et, en terminant son avertissement, il nous fait connaître toute sa pensée avec un laisser-aller admirable, digne de Scudéry, d'Angot ou de Sonnet de Courval.

« On jugera de ma pensée comme on voudra, mais je
» puis dire sans vanité qu'il faut estre un peu moins
» qu'ignorant tout a fait pour atteindre a l'intelligence de
» cet ouvrage. Qui n'entend à demi mot n'y entend rien
» du tout. Sa profession est de vous montrer le chemin
» au doigt, mais c'est à vous de poursuivre, cela s'entend
» qu'il en faut penser plus qu'il n'en dit et qu'il n'y a
» maxime qui ne puisse exercer un bon esprit une journée
» entière (1). »

Peut-être est-ce faute de disposition, mais, après une lecture pourtant très consciencieuse, il nous a semblé que les maximes n'étaient pas toujours aussi profondes et aussi fécondes en déductions qu'on eût pu s'y attendre avec un pareil programme. Nous essaierions, du reste, vainement, de donner une idée complète de ce mélange bizarre de prose et de vers, où tous les moralistes anciens et modernes sont successivement mis à contribution. Le propre d'une composition de ce genre est de se

(1) *Sentiments chrestiens, politiques et moraux.* Préface au lecteur.

dérober à l'analyse. Comment résumer cette accumulation de préceptes que n'unit ensemble aucun lien et qui ne constituent ni un corps de morale, ni un système suivi de philosophie? A peine serait-il possible, en s'aidant des *Correspondances*, de percevoir quelques lueurs, de saisir quelques fugitives indications. L'embarras ne serait pas moindre s'il fallait déterminer avec précision où finit l'imitation, où commence la pensée personnelle et originale.

Au milieu de ces difficultés inextricables, il nous a paru que le recours à quelques citations était le moyen le plus simple et le plus sûr d'arriver à faire saisir l'aspect général d'une œuvre qui ne se compose, à vrai dire, que de pensées détachées. Le passage relatif à l'explication des motifs divers qui poussent les hommes au mariage peut être choisi comme spécimen de la manière du moraliste dans ses bons endroits. Après avoir énuméré les inconvénients variés de l'état conjugal, Garaby ajoute avec cette gravité sentencieuse que le sujet comportait :

> Mais pour nous y faire passer
> La nature et les Lois conviennent.
> Elle a soin de nous y pousser
> Et celles-ci nous y retiennent (1).

(1) *Sentiments chrestiens, politiques et moraux*, p. 164.

Les vers, s'ils sont forts de raisonnement, ne brillent ni par l'élégance de la forme, ni par la nouveauté de l'aperçu. Voici maintenant la partie substantielle du développement, la glose destinée à faire comprendre aux esprits simples et peu clairvoyants le sens caché de toute cette poésie philosophique.

« Il en va comme de ces poissons qui ne cessent de » remuer jusqu'à ce qu'ils soient entrez dans la nasse et, » quand ils y sont, en voudroient estre dehors. Je m'ima- » gine voir un trouppeau de bestes qu'on meine à la » métairie. Le berger est à la queue qui les chasse et les » presse, le chien aux costez qui empesche qu'elles ne » s'écartent et, après qu'elles sont passées, la barrière se » ferme. La Nature aiguillonne les hommes et les femmes » à se rechercher les uns les autres ; la Religion, défen- » dant les amours vagues, les fait cheminer serrez vers » le mariage ; et puis, quand ils ont dit le mot et franchi » le pas, les Lois ferment la porte sur eux et par l'indis- » solubilité les y font demeurer toute leur vie (1). »

Les quatrains escortés de leurs commentaires et tou- chant aux plus graves questions sociales se succèdent ainsi pendant 207 pages et se terminent enfin, à la grande satisfaction du lecteur, par les maximes suivantes qui,

(1) *Sentiments chrestiens, politiques et moraux*, p. 164.

4

malgré leur pessimisme, ne sont pas les plus mauvaises
du recueil.

> C'est inutilement qu'on fonde
> Quelques hopitaux pour les fous
> Puisque le vaste enclos du Monde
> A peine est capable de tous.

> Il se voit des fous en tous lieux,
> De toute taille et de tout âge :
> L'esprit le plus ingénieux
> Quelquefois n'est pas le plus sage.

> Rien n'est si peu sage que l'homme.
> Noé fit le fol en beuvant,
> Adam, en mangeant de la pomme,
> Et moi possible en écrivant (1).

Ces ouvrages, que nous venons de parcourir, sont
surtout ceux que Daniel Huet avait en vue quand il
formulait, sur le compte de son ancien ami, le jugement
inséré dans les *Origines de Caen*, jugement qui a été
reproduit sans changement appréciable par tous les
critiques venus après lui (2). Nous nous garderions bien
de vouloir refaire cette esquisse tracée avec tant d'exactitude et d'autorité. Mais les *Essais poétiques* publiés chez

---

(1) *Sentiments chrestiens, politiques et moraux*, pp. 197-205.
(2) *Cf. Moreri*, édit. de 1757, t. V, p. 65.

Targa, joints aux documents nouveaux mis à notre disposition, nous permettront d'y ajouter quelques traits.

Les *Essais* parurent à Paris en 1642. La Luzerne
n'avait pas encore vingt-cinq ans et le volume ne démen-
tait pas cet âge. La préface, prétentieuse et outrecuidante,
présente cependant une analyse assez exacte de l'ouvrage,
et mériterait, ne fût-ce qu'à ce titre, d'être reproduite
dans son entier.

        « Au lecteur,

    « Ce qu'on appelle un pot pourry à l'Espagnolle, ce
» que les cuisiniers nomment une capilotade et les pâtis-
» siers une bisque, je vous les sers icy, lecteur, quoique
» je ne fasse dessein de vous donner a disner.
    » Pour le premier des trois services que je vous ay
» préparez, car je vous traite en amy de la maison, comme
» il est nécessaire d'essuyer la salve de vostre plus grosse
» faim, je vous presente aussi les viandes les plus solides,
» ou vous trouverez le plus à prendre. Ce sont quelques
» paraphrases des pseaumes de David, dont le sens pro-
» fond et le mysterieux secret peut exercer à plaisir
» l'appetit du meilleur esprit et, comme nous ne sommes
» pas des sauvages pour manger des chairs crues, aussi
» les ai-je assaisonnées de ce que j'ay creu nécessaire

» pour vous en rendre le goust plus délicat et la digestion
» plus facile. Vous y en trouverez quelques uns simple-
» ment avec le poyvre et le sel, c'est à dire dans leur
» force et naïfveté naturelle ; vous y en verrez d'autres
» que j'ay deguisez un peu davantage et dont peut-estre,
» s'il m'est permis de parler de la sorte, la sauce vaut
» bien le potiron. Neantmoins je ne les ay pas si fort
» altérez que l'on ne connoisse toujours bien ce qui en
» est et que c'est David qui parle.

 » Pour entremets vous y estes servis de quelques
» pieces particulieres, comme d'une *Consideration sur le*
» *Memento homo*, d'un *Discours sur la vie religieuse* et
» de quelques autres de pareille nature.

 » Alors que vostre bouche semble avoir traitté quelque
» sorte de trefve entre vostre estomach et vostre appétit
» et que ni la trop grande replétion, ni le trop d'impa-
» tience pour le reste qui vous attend ne vous empeschent
» pas de faire entrer vostre esprit au nombre des conviez,
» je vous offre pour second, l'entretien sérieux de quelques
» satyres entre autres d'une assez belle anatomie de la
» condition humaine par tous les degrés de la vie, d'une
» description naïfve de la fortune de ces marchands d'*evi-*
» *dents* de deux ou trois promenades a la campagne et
» de quelques panegyriques particuliers.

 » Reste le fruict qui est plustot pour dégraisser la dent

» .que pour l'occuper, pour réveiller l'appétit ensevely
» sous la masse des chairs que pour le contenter plaine-
» ment ; aussi vous ai-je réservé pour le dernier service
» des morceaux propres à cet effet. Je couronne mon
» festin de quelque sonnet, de quelques épigrammes dont
» la pointe aigrette tire plus sur la cerise ou sur la pesche
» que sur le bœuf ou le mouton (1). »

Nous ne voulons rien ajouter à ce sommaire aussi développé qu'original. Les paraphrases des psaumes n'exigent pas d'autres détails, et, quant aux satires, nous aurons plus tard l'occasion d'y revenir. Nous devons, toutefois, une mention spéciale à l'*Adieu* par lequel l'auteur prend congé du public. Cette posface, aux allures cavalières, complète si bien l'*Avertissement* que ce serait vraiment dommage de la passer sous silence.

> Hé bien, lecteur, qu'en penses-tu
> De mon livre et de ta lecture?
> Dis, parle, aussi bien la vertu
> N'est pas exempte de censure.

> Si tout s'y rencontre en tout point,
> Ma satisfaction est grande ;
> Mais, s'il ne s'y rencontre point,
> Ne pense pas que je m'en pende.

(1) Les *Essais poétiques du sieur de La Luzerne*. Paris, veuve Targa, 1642, p. 14.

> Si son style semble trop bas,
> S'il a négligé de mieux dire,
> Peut-estre n'ignorait-il pas
> Que des asnes le devoient lire.

Le recueil de la Bibliothèque nationale n'a pas cette physionomie dégagée et passablement impertinente. Rédigé dans les dernières années de la vie de Garaby, en vue d'une publication définitive, resté à l'état de projet, il comprend, avec les pièces les plus importantes des *Essais*, beaucoup d'autres compositions d'un tour généralement plus sérieux, quelquefois même d'une nature très différente. Le tout forme quatre parties nettement déterminées.

La première renferme uniquement des poésies latines échangées entre l'auteur et l'abbé Gilles Dancel.

La seconde nous offre un choix de maximes latines au nombre de 347, dédiées à Mgr Charles de Matignon, sous le titre de : *Compendiosa de moribus sapientia egregiis insigniorum philosophorum dictis expressa.*

Dans la troisième, nous trouvons des odes, des sonnets, des épitaphes et des poésies diverses.

La quatrième est consacrée aux satires.

Il suffit peut-être de signaler le caractère bizarre de la correspondance de Garaby et de l'abbé Dancel, ainsi que les analogies qui existent entre les maximes latines de la deuxième partie et les *Sentiments chrestiens, politiques et moraux* publiés en 1654 ; mais un intérêt plus vif de curiosité s'attache pour nous aux poésies françaises qui suivent. Sans pouvoir être placés sur la même ligne que les satires, nous reconnaissons que les poésies diverses classées dans la troisième partie méritent de retenir un moment notre attention.

Quelques-unes nous font connaître, par une foule de menus détails, le petit groupe de littérateurs caennais auquel l'auteur appartenait ; d'autres, adressées à des Yveteaux, à Daniel Huet, à Charles de Matignon, au lieutenant d'Eragny ou bien à Antoine Halley, nous donnent le ton des conversations précieuses et des futilités élégantes qui avaient alors la vogue.

Dans ce genre, nous citerons notamment la *Terre de Bernières*, l'*Orangerie de Madame de Lepiney*, la *Mort du perroquet de Madame*, le *Trépas du coq de M. de Brieux*, la *Réponse du Chat-Huant au Rossignol*. Cette dernière poésie, datée de Granville, avait pour but de remercier Halley de l'envoi d'une épigramme latine :

> Malgré la tempeste et la rage
> Des flots qui battent le rivage
> Ou Granville eleve ses tours,
> Mes sens, tranquilles en leur joye,
> Goûtant ceux que leur envoye
> Ton Rossignol depuis deux jours.

> Quoique sourde a toute autre chose,
> Mon oreille n'est jamais close
> Aux doux roulements de sa voix :
> Je say les belles sérénades
> Qu'il donne à l'honneur des Dryades
> Qui tiennent leur cour dans les bois.

Les inspirations varient d'ailleurs avec les sujets. C'est ainsi qu'à côté de tirades ambitieuses sur la *Hollande agonisante* et sur la *Mort de Gassien* se trouvent des *Paysages rustiques* ou des *Tableaux d'intérieur*, et que, non loin de *Méditations religieuses* empreintes d'un recueillement convenable, on lit le *Sonnet bacchique à* d'Eragny, *le Patron de l'existence*, d'après Martial, ou les *Préjugés du bon sens*, profession de foi adressée au peintre de la Haye, où l'on sent déjà cet épicuréisme insouciant que saint Evremont devait si parfaitement représenter :

> Aime sans passion, hay sans dérèglement.
> Ainsy t'accommodant aux ordres de ton sort,
> Voy, mais d'un œil hardi, l'approche de la mort ;
> Car, à mon gré, cet homme au but de la science
> Justement a donné
> Qui peut mourir avec la mesme indifférence
> Qu'autrefois il est né (1).

(1) Manuscrit n° 330. Fonds français des nouvelles acquisitions, 3ᵉ partie. Bibliothèque nationale.

Par suite d'une similitude de situation et d'une rési-
gnation de même trempe, Garaby avait une grande
sympathie pour Scarron. Il lui a consacré, après sa mort,
un sonnet élogieux dont la forme est originale.

Pour feu M. Scarron.

Plus squelet que celuy que, pour le jour des morts,
Saint Innocent fait voir sur ses portaux funèbres,
Affreux objet d'horreur, perclus, décharné, tords,
Du visage, des pieds, des bras et des vertèbres.

Il nourrit un esprit dans un monstre de corps
Dont la vive clarté, surmontant les ténèbres,
Brilla d'un si beau feu, par ses nobles efforts,
Qu'il peut aller d'egal avec les plus célèbres.

Burlesque en sa figure, en son air, son humeur,
De tout il fit burlesque et son propre malheur
Luy mesme luy servit souvent de raillerie;

Si bien qu'a comparer son génie et son sort
Il se pourvoit vanter d'avoir avec la vie
Fait rire la douleur et folastrer la mort (1).

Ce n'est pas là, il importe de le remarquer, simple
manière de dire ou pur badinage littéraire. La lecture de
la correspondance de Garaby ne permet pas de douter

(1) Ms. n° 330. 3ᵉ partie, p. 173.

5

que cette philosophie sceptique, plus stoïque que chré-
tienne, ne fût véritablement la sienne.

Le 5 juin 1651, il écrivait à Halley :

« Je voy, Monsieur, n'en déplaise à nostre morale, que
» tout ce que peuvent faire les plus grands philosophes
» qui estudient la nature est d'arriver, avec grand travail
» et difficulté, à ce point d'apathie, où les brutes se
» trouvent d'elles mesmes toutes portées. En quoy je
» tiens leur fortune d'autant meilleure que cette assiette
» de leur estre n'est ni agitée ni troublée par aucune
» pensée étrangère d'honneur, céremonie, honte et autres
» telles productions de cerveaux creux, jouissant paisible-
» ment, autant qu'il est en eux, du ciel et des éléments,
» presls, sans préparation, à en perdre l'usage quand le
» terme est venu avec autant d'indifférence qu'ils en ont
» eu à en prendre possession. Voyla la philosophie à ma
» mode ! »

Il était impossible qu'un pareil point de départ restât
sans influence sur les conceptions morales de notre
écrivain. Toutes en effet s'en ressentent plus ou moins, et
il serait facile de citer même dans les *Sentiments chrestiens*
telle page où l'on retrouve surtout *le galant homme plus
attentif aux inspirations de la bonne nature* qu'aux
scrupules délicats de la conscience. Quant à ses idées
religieuses, sans estre absolument à l'avenant, elles

brillent par une sorte d'indiscipline et surtout par une absence complète d'austérité.

« Quel langage tenez-vous, écrit-il encore à Halley, dont une grave maladie avait réveillé les sentiments dévotieux, « vous parlez en agonisant ou du moins en » testateur : *Circumdederunt te dolores mortis et pericula* » *inferni invenerunt te.* Dieu soit loué que vous en soyez » quitte pour la peur. Pour moy je n'en ay point. Le » prennent les moynes pour marque de réprobation s'ils » veulent. C'est tousjours autant de bon. La miséricorde » de Dieu ne doit rien à sa justice. Il ne nous a point » faits pour nous perdre. C'est là tout le sujet de mon » raisonnement. . . . . » Vostre humiliation devant Dieu est vrayment chres- » tienne et selon mon goust. Quoique libertin, au juge- » ment des cafarts, on me verra tousiours le genouil en » terre et les mains élevées vers le Ciel pour adorer cet » astre suprême que nous devons reconnoistre et que » nous ne pouvons connoistre. »

Sans trop discourir sur l'orthodoxie de Garaby, laissons-le dans cette attitude édifiante et ne lui en demandons pas davantage.

Les satires que nous avons maintenant à examiner, et qui, avec la *Correspondance*, constituent véritablement les maîtresses œuvres du poète, révèlent la même liberté

d'esprit ; elles attestent de plus des habitudes d'observation soutenue et un sens critique remarquable.

Celles qui nous ont été conservées et que nous repro-
duisons dans ce volume ne sont pas les seules dont
Garaby ait eu l'idée et dont il ait même, dans la solitude
de la campagne, esquissé l'ébauche et tracé tout au moins
les grandes lignes. Sur ce sujet, la *Correspondance* renferme les détails les plus précis et les plus abondants.

Dans une lettre sans date adressée à du Puy, que nous
avons lieu de croire de l'année 1651, notre écrivain
s'exprime en ces termes :

« J'ay en pensée, il y a longtemps, de laisser au public
» un portrait au naturel des vices du siècle où nous
» sommes. Parcourant, l'éprouvette en main, chacune des
» principales professions des hommes, j'ay déjà donné
» le foué, au *Partisan*, a l'*Auteur*, au *Noble de cam-*
» *pagne*, au *Citadin*, je m'appreste à dire un mot, en
» passant, du *Chicanoux* actif et passif, c'est à dire à
» parler de la morgue du sourcilleux magistrat et de la
» bassesse du misérable solliciteur, sans oublier ensuite
» le *Prince malaisé*, l'*Hypocrite* et le reste, où je com-
» prendrois bien volontiers nosseigneurs les ecclésias-
» tiques et nos vénérables frères les porte-cuculle et
» traisne-corde. Mais ils m'envoyroient à tous les diables,
» eux qui ont le pouvoir de damner les gens ou du moins

» me laisseroient en purgatoire dix ans après le terme.
» C'est pourquoy il vaut mieux n'en rien faire. »

Une lettre à Segrais, qui-est, il est vrai, de 1676, ne faisait pas mention de la satire projetée entre les *Pervers ecclésiastiques,* mais nous donnait, en revanche, le titre d'une autre pièce également en préparation, *la Feinte affliction de la jeune veuve,* sujet fertile en aperçus piquants, et bien fait pour exercer la verve gouailleuse de Garaby :

« Pour le sonnet et l'épigramme, écrit-il, je puis y
» avoir réuni en quelques vers aussi bien qu'en cinq ou
» six grandes satires chacune escripte sur l'une des prin-
» cipales professions de la vie, sçavoir : de l'*Autheur,* du
» *Gueux rafraischi,* autrement du *Partisan,* du *Pharisien*
» *du temps* ou du *Devot hypocrite,* du *Gentilhomme*
» *campagnard,* du *Citadin* ou *Noble de ville* et de la
» *Misère de l'homme par les différents degrés de son âge.*
» Mon dessein étoit de donner par là un portrait des
» mœurs de notre siècle a la postérité et pour le rendre
» complet je n'avois plus a y adjouster que le *Chicanoux*
» en toutes ses parties, la *Veuve* dans sa feinte affliction,
» et le *Prince malaisé,* autrement le seigneur sans mérite
» qui se trouve réduit a ne camper que de ses ayeux et
» de ses alliances, au défaut d'avoir rien a dire de louable
» de luy mesme. »

Hélas, tous ces projets n'ont pas reçu d'exécution. Nous n'avons ni le *Chicanoux*, ni la *Veuve*, ni le *Prince malaisé*, ni le *Pervers ecclésiastique :* pour une raison ou pour une autre, par réserve ou par lassitude, Garaby s'est arrêté et n'a rempli, en définitive, que la première partie de son programme. Les satires qu'il nous a laissées, après les avoir retouchées, et que la lettre à Segrais énumère d'ailleurs avec assez d'exactitude, sont, d'après l'ordre du manuscrit de la Bibliothèque nationale, les suivantes :

I. — *L'infirmité de l'homme.*
II. — *Les Censeurs ignorants.*
III. — *Le noble campagnard.*
IV. — *Le Citadin.*
V. — *Le Pharisien du temps ou le Dévôt hypocrite.*
VI. — *Le Partisan ou le Gueux rafraischi.*

Daniel Huet n'en a mentionné, d'une manière expresse, aucune dans son livre des *Origines de Caen*. Masseville s'est contenté d'y faire allusion d'une manière générale. De tous les contemporains, Antoine Halley, seul, s'est expliqué avec quelques détails, et il est remarquable que dans ses *Opuscules* publiés en 1675, il a transcrit un passage important de la satire sur l'*Infirmité de l'homme*, et décerné les éloges les plus vifs à l'attaque dirigée contre

les financiers, sous le titre de : *Le Gueux rafraischis* (1).
Malheureusement, ces renseignements précieux sont
perdus au milieu d'épigrammes latines présentées ou
couronnés aux Palinods de Caen, et ne sont pas tout
d'abord parvenues à leur adresse. Aussi, tous les biblio-
graphes et tous les critiques n'ont-ils vu dans Garaby
qu'un moraliste, et n'ont-ils pas même soupçonné le critique. Pour M. Evremont Pillet, l'œuvre du poète se résume
dans les *Miscellanées* et les *Quatrains didactiques*, et
M. Frère, en général si exact et si bien informé, en décrivant le rare volume des *Essais* n'y signale « qu'un recueil
» de paraphrases de pseaumes et de pièces adressées à des
» dames (2). » Cet oubli est d'autant plus regrettable que
les satires sont le véritable titre de recommandation de
l'écrivain, et l'on conçoit d'autant plus difficilement qu'elles
aient échappé à l'attention des contemporains, qu'aucune
des six satires n'est à proprement parler inédite, et que
quelques-unes même ont été l'objet d'une réimpression.

Dès 1642, le poète en insérait trois à la suite de sujets
de sainteté, dans le volume des *Essais*. C'était, comme il
le dit dans sa préface, *une assez belle anatomie de la condition humaine par tous les degrez de la vie, une*

(1) *Ant. Hallœi Opuscula Miscellanea*, pp. 323-828.
(2) *Manuel du Bibliographe normand*, t. II, p. 9.

description naïfve des marchands d'evidents et une cri-
tique des censeurs impertinents ou à la douzaine.

Plus tard, il dut les publier de nouveau à part, ainsi
que celles qu'il avait composées depuis, dans des sortes de
placards tirés à petit nombre et imprimés vraisemblable-
ment chez Marin Yvon. Le fait, certain pour la satire de
l'*Infirmité de l'homme*, paraît infiniment probable pour
toutes les autres, et résulte pour nous d'une poésie latine
d'Antoine Halley, dont nous transcrivons ici la traduction :

« Pourquoi veux-tu, écrit celui-ci à son ancien élève,
» que j'édite les bagatelles que j'ai composées. Profite
» pour toi, cher ami, du conseil que tu me donnes (1)...
» C'est à bon droit que mes œuvres craignent le jour et
» que les tiennes aspirent à la lumière. Je te conseille
» toutefois de les réunir. Elles courent, il est vrai, le
» monde, confiées à des feuilles volantes et elles
» s'acquièrent ainsi un noble renom ; mais elles ne
» peuvent, si elles restent dans cet état, avoir une longue
» durée. Ce qui est trop léger est vite dévoré par le
» temps. Fais donc en sorte qu'elles soient réunies en un
» volume, afin que cette œuvre importante se tienne et
» dure par son propre poids. L'esprit et le génie ne
» suffisent pas pour qu'un livre vive, il faut encore qu'il

(1) *Ant. Hallœi Opuscula Miscellanea*, p. 334.

» ait par lui-même une certaine consistance matérielle. »

L'opinion que nous émettons ici est, du reste, complètement confirmée par certains passages fort explicites de la *Correspondance*.

Il nous faut toutefois reconnaitre que les livrets auxquels nous faisons allusion semblent avoir aujourd'hui entièrement disparu, et que les trois compositions qui figurent dans les *Essais* imprimés par Targa n'y sont, s'il est permis de parler ainsi, qu'à l'état d'ébauches et d'inspirations de premier jet. Cette considération, que nous ne devions pas omettre, peut servir de consolation aux écrivains qui n'ont pas aperçu dans Garaby le poète satirique. A ce point de vue, le manuscrit de la Bibliothèque nationale, en faisant la lumière plus complète, a rendu la clairvoyance plus facile.

Des six compositions qui s'y trouvent réunies, trois ne se rencontrent dans aucun des imprimés aujourd'hui à notre disposition ; les trois autres, publiées dans le petit volume rarissime de Targa, ont reçu, dans le travail de révision auquel elles ont été depuis soumises, des modifications importantes qui en augmentent la valeur et en changent le caractère. De cent trente-six vers qu'elle comptait à l'origine, la satire sur la *Misère de l'homme* arrive à cent soixante-six : les satires du *Gueux rafraischi* et des *Censeurs* s'enrichissent de développements encore

6

plus considérable. Le *Gueux rafraischi* avait à l'origine cent soixante vers ; il en a dans le manuscrit deux cent quarante-deux. La pièce des *Censeurs*, de soixante-dix vers atteint le chiffre de cent trente-six.

La composition de la première de nos six satires : l'*Infirmité de l'homme*, date de la jeunesse de Garàby, mais elle avait déjà reçu les modifications profondes que le manuscrit fait connaitre, lorsque, plus tard, elle fut envoyée comme cadeau d'étrennes à Antoine Halley. Un quatrain placé en tête en expliquait tout à la fois le sujet et la destination. Singulièrement choisie comme présent du nouvel an, la poésie qu'annonçait cette dédicace n'était à tout prendre qu'une longue amplification du verset célèbre de Job sur les misères de notre nature.

Le moraliste y conduit l'homme du berceau à la tombe, en décrivant méthodiquement les diverses phases de l'existence : l'enfance, l'adolescence, la maturité, la vieillesse. Ces tableaux successifs, tracés avec abondance et impassibilité, attestent de la facilité, de la chaleur, mais aussi une tendance visible à la déclamation et aux crudités du langage.

Les vers consacrés à la description de la vieillesse avaient particulièrement frappé l'attention de Halley, et, bien qu'il les ait reproduits dans les *Miscellanées*, nous ne croyons pas inutile de les citer de nouveau :

Bastiment ruineux qu'un baston seulement,
Comme un foible estançon, asseure impuissamment,
Charge inutile aux siens, importune à soy mesme,
Desjà touchant d'un pied le seuil du manoir blesme.
Car, comme d'un sapin couché jusqu'à moitié
Le branle du couppiau nous fait juger du pié,
Ainsi de ce vieillard la teste chancelante
Est un signe évident de sa chute pressante.
Ce riche vermeillon qui relevoit son teint
Sous les froideurs du sang demeure alors esteint.
Et ce ferme embonpoint qui nous rondist la joue
Colle la sienne aux dents, lui fait faire la moue,
Et renfermant ses yeux dans leur double caveau
Leur marque dans ce creux un lugubre tombeau....
. . . .
Les cloches fendent l'air et par leur bruit confus
Font entendre qu'il fut, mais pour lors qu'il n'est plus.
L'esprit n'a pas plutot quitté cette carcasse
Que la corruption s'empare de la place.
Ceux que le seul clein d'œil eût fait partout marcher,
Palles d'estonnement, ne l'osent approcher.
Adieu ces noms flatteurs de monsieur, de mon maistre,
On les perd au mourir comme on les gaigne au naistre!
Eh bien voylà ton sort, voyla ta dignité,
Animal impuissant, bouffi de vanité,
Qui semble ne fouler que par dépit la terre
Et braver du sourcil le séjour du tonnerre!
Voylà ce grand seigneur, ce Roi de l'Univers
Que je ne sçay s'il vaut le moindre de ces vers!!... (1)

(1) Ms. n° 330, 4e partie, pp. 311-317.

La seconde satire, désignée indifféremment sous le titre de l'*Auteur* ou des *Censeurs ignorants*, est placée sous le patronage de Ménage. Bien qu'elle ne s'adresse qu'aux appréciateurs présomptueux des ouvrages de l'esprit, elle se distingue entre toutes par ses tirades batailleuses.

Le poète, dès le début, se présente comme une espèce de Don Quichotte littéraire, prêt à pourfendre, au nom des saines doctrines, tous les sectateurs de l'ignorance et du mauvais goût.

> Je suis, comme jadis ces chevaliers errants,
> Prêt à choquer tous ceux qui viendront sur les rangs.

Ces attaques, commencées avec tant de fracas, ont un dénouement assez pacifique et il n'y a guère à signaler dans ce factum que les indications propres à faire connaître l'école sous l'influence de laquelle il a été écrit.

Ainsi que l'ensemble de ses œuvres suffirait à nous l'apprendre, Garaby est bien plus de l'époque de Louis XIII que de celle de Louis XIV. Corneille est le plus jeune maître qu'il reconnaisse; ses admirations, par delà Malherbe, vont encore retrouver Ronsard, Desportes, Théophile, et il nous apparaît bien moins comme un contemporain de Boileau que comme un continuateur légitime de Vauquelin de la Fresnaye, de Regnier et de Sonnet de Courval. L'affinité qui le rattache à ces deux derniers est surtout nettement accusée. L'on peut remarquer, en effet, que le type même de la satire des *Censeurs* se trouve et dans la première partie des *Pervers ecclésiastiques*, de Sonnet, et dans la neuvième satire dédiée par Regnier à Rapin (1).

C'est encore l'influence souveraine du peintre des *Abus et desordres de la France* que nous constatons dans le *Gueux rafraischi*. Sauf les différences qu'expliquent le changement d'époque et une légère diversité du tempérament, nous retrouvons chez les deux poètes les mêmes hyperboles et la même haine contre le fisc et tous ses agents. Il n'y a pas à s'en étonner. Si de Courval avait été témoin de honteux tripotages et d'impitoyables exactions, Garaby, dans sa jeunesse, n'avait-il pas eu sous les yeux, à Caen, à Bayeux et à Coutances, le spectacle navrant de la misère publique, des émeutes populaires et des répressions sanglantes auxquelles présida le chancelier Seguier? Ces impressions douloureuses, que l'on n'oublie pas quand on les a ressenties, justifient les invectives et expliquent bien des exagérations.

> O vous qui triomphez de nos tristes misères,
> Nation inconnue au siècle de nos pères,

(1) *Les satyres du sieur de Courval contre les abus et desordres de la France*, p. 5. Rouen, 1626. — *Œuvres complètes de Mathurin Regnier*, p. 98. Paris, 1863.

> Les favoris du Temps, messieurs les partisans,
> Excusez si mes vers sont trop peu complaisants
> Et ne répondent pas à la magnificence
> Et de vostre equipage et de vostre depence.
> Il faudroit pour me rendre icy considéré,
> Tout etant d'or chez vous, un langage doré.
> Trouvez donc bon, messieurs, que, pour le plus commode,
> Je traitte ce discours, s'il vous plaist, a ma mode,
> Et ne vous offensez qu'ainsi, d'un seul traict,
> Je figure un pendart avec vostre portraict.
> La rencontre en sera d'autant plus excusable
> Que ce double visage est presque inséparable (1).

L'ironie se maintient à ce diapason jusqu'à la fin, et la satire se clôt par ce vers, où le mépris le dispute à la tristesse.

> Un honneste homme attend un coquin à la table.
> Un fils de savetier prend ses commoditez.
> C'est forcé. Chez ces gens le poids des qualitez
> Ne se reconnoist point qu'au bransle des balances.
> Il faut parler comme eux langage de finances,
> C'est a dire : sçavoir promettre, mais fourber,
> Beaucoup dire, oser tout, en un mot dérober.
> Accusons-en le temps. Quand le mal est extresme,
> Tout cela qui s'ensuit d'ordinaire est de mesme ;
> Mais ne le fut-il pas, ce n'est rien de nouveau
> Que l'un serve d'enclume et l'autre de marteau (2).

(1) Ms. n° 330. 3ᵉ partie, pp. 375-383.
(2) Ms. n° 330. 4ᵉ partie, p. 383.   ε

Celte poésie agressive avait été certainement communiquée à Halley et il l'avait si bien lue que, malgré la circonspection de sa nature, il s'en était approprié tous les sentiments. Il était difficile d'en faire mieux et plus complètement l'éloge !

> Æquant naupc isti veterum patrimonia Regum
> Fœtaque habent auro scrinia, Fiscus eget.
> Quos, quia mordaci lavisti nuper acceto
> Et tua perfricuit pagina tincta sale,
> Non plura his, quin hæc nimium jam multa ; sed ultra est
> Luzernæ aliquid quod tacuisse nefas (1).

La compassion que témoignait ainsi Garaby au pauvre peuple était très sincère. Sous une forme, non moins vive, quoique plus familière, on peut constater l'expression des mêmes sentiments dans divers passages de sa *Correspondance*, notamment dans les lettres fort curieuses qu'il adressa à Chamillart de 1660 à 1674.

Nous nous contenterons de citer ici un fragment très significatif d'une lettre, moitié prose, moitié vers, du 15 octobre 1666. Les vers sont médiocres, mais l'imperfection de la forme n'enlève rien à la valeur qui leur appartient comme document :

(1) *A. Hallœi Opuscula Miscellanea*, p. 328.

Voicy le temps fatal au malheureux taillable
Qui, d'un trait de ta main,
Voit former le dessein qui sous la faim l'accable,
On luy laisse du pain.
Estienville est de ceux que l'extresme indigence
Tient aux derniers abois,
Si foible qu'il ne peut t'exprimer sa souffrance,
Qu'en empruntant ma voix.
Au reste si parfois monsieur le Gentilhomme
Est suspect d'en parler,
Tu sçauras qu'interest, corvée, avoine ou somme
Ne m'en faict point mesler.

« Sur ce tesmoignage que me rend ma conscience et
» que le voysinage ne me déniera pas, je croy, j'implo-
» reray, monsieur, plus confidemment vostre bonté pour
» ces miserables et vous les recommanderay comme on
» recommande les pauvres aux charités des gens de
» bien (1). »

Le *Pharisien du temps* avait peut-être encore plus
d'actualité que le *Gueux rafraischi* ou le *Marchand d'évi-
dents*. Dans cette société du xviie siècle, devenue tout à
coup éprise de la règle, l'hypocrite primait le partisan, et
la multiplicité des portraits qui lui sont consacrés dans les
écrits contemporains autorise à penser que le scandale
était malheureusement réel et général.

(1) *Correspondance manuscrite.*

L'opportunité de l'entreprise n'en diminuait pas les difficultés, et nous ne voudrions pas affirmer que l'étude délicate que se proposait Garaby soit de tout point réussie. L'auteur connaît les moralistes et les sermonnaires et a lu les pamphlets de son temps ; il a surtout beaucoup et longuement étudié Regnier, mais il est évident qu'avec toute cette préparation, il n'a pas su créer une figure digne de prendre place entre *Maçette* et *Tartuffe*. Sa critique diffuse s'étend sur une infinité d'objets et manque de concentration et de profondeur ; ses pensées les plus judicieuses se produisent trop souvent au hasard de l'improvisation sans enchaînement rigoureux, et leur agrément ne suffit pas à dissimuler le manque d'unité de l'ensemble. Peut-être aussi le style, comme l'a remarqué Daniel Huet, ne sent-il pas suffisamment le travail de la lime.

Ces défauts sérieux n'empêchent pas toutefois que la composition, pleine de mordantes allusions plus ou moins transparentes, ne soit digne d'estime et ne mérite d'être classée dans un rang honorable. L'inspiration en est saine, le trait n'y fait pas défaut, et la morale, avec sa rudesse provinciale, est franche et de bon aloi. Il convient, en outre, d'observer que, au milieu des entraînements d'un sujet scabreux, Garaby a su ne pas dépasser la mesure. Ses sentiments, tout passionnés qu'ils sont, restent religieux, je dirais même orthodoxes ; et c'est avec une entière

7

bonne foi qu'il invoque, en commençant, l'autorité de l'Évangile.

Væ vobis Scribæ et Pharisæi hypocritæ!

Ainsi se prononçait et se prononce encore
Ce que l'Oracle saint, que l'Univers adore,
Dit aux Pharisiens, condamnant leurs abus.
Lecteur, si mon discours icy te scandalise,
Voy par cet argument quel autheur m'authorise
Et lequel de nous deux cela touche le plus.

Le *Mot d'advis au lecteur* témoigne des mêmes dispositions.

« Trouver mauvais, écrit le poète moraliste, qu'on
» maltraite le vice, c'est le favoriser, et laisser régner
» l'hypocrisie, sans dire mot, c'est trahir le parti de la
» véritable religion. Il y a deux manières de combattre
» le mal : l'une a force ouverte et tout de bon, le traittant
» d'ennemi considérable ; l'autre, par le mépris, le tour-
» nant en ridicule. Celle-là sied bien aux gens graves et
» sérieux docteurs ; celle-cy est propre aux gens de
» mon humeur qui sont nés pour le badinage et qui ne
» remarquent pas plus l'importance des défauts des mœurs
» qu'ils en remarquent le néant et la fadaise. »

La satire est le développement logique de ces pré-

misses. Elle atteste tout à la fois les vues loyales de
l'auteur et la sincérité de ses convictions.

> Il te faut, me dis-tu, quelqu'employ convenable
> Où tu trouves ton compte et qui soit honorable :
> Le palais n'en a point qui te puisse toucher.
> Pour si peu de profit le mestier est trop cher.
> De mesme tu n'es pas d'une humeur assez fière,
> Pour courre, avec péril, la fortune guerrière.
> L'Eglise, quoyque propre aux avares désirs,
> S'accomoderoit mal à tes menus plaisirs.
> Tu veux du sacrement et pour toy la soutane,
> Toute sainte d'en haut, du bas seroit profane ;
> Voyla ton embarras, grand à la vérité,
> Mais qui, d'un bon conseil, peut estre surmonté.
> Veux-tu prendre le mien, sans marc d'or ny paulette,
> Bréviaire, célibat, ny querelle, ny brette,
> Finement aux dépens du crédule et du sot,
> Tu n'as qu'à te pourvoir d'un estat de dévot.
> Je n'entends pas dévot, de ces gens sans cabale
> Qui, sur la prudhomie appuyant leur morale,
> Suivent tout simplement les loix que Jésus-Christ
> Dans son saint Evangile à ses enfants prescrit :
> Ce monde là n'est bon, en ces temps de finesse,
> Qu'à fournir d'auditeurs le prône de la messe,
> Mais de ces rafinez qui, bien que tenant lieu
> D'ouailles seulement en l'Eglize de Dieu,
> Sans crainte de troubler la police divine,
> S'ingèrent toutefois des mœurs, de la doctrine,
> Et mésme de régler le devoir des pasteurs
> De qui les sentiments ne s'accordent aux leurs.

Nous trouvons dans une lettre adressée par La Luzerne, le 10 février 1670, à M. de Saint-Clair, maître des
requestes, quelques lignes assez curieuses sur le *Dévôt
hypocrite*. Elles fixent la date de la composition, anté-
rieure, nous dit l'auteur, de sept à huit ans à la publication
du *Tartuffe* de Molière. Elles nous apprennent, en outre,
que la pièce avait été imprimée dans une brochure à part,
et que les personnages qui y sont mis en scène appar-
tenaient tous à la société caennaise contemporaine.

« Si je demeure, monsieur, dans l'impuissance de
» m'acquitter, écrit Garaby à son correspondant, encore
» faut-il que vostre bienfait vous vaille de quelque chose
» et que je vous fasse du moins quelque petit présent.
» Ce sera, si vous l'avez agréable, de mon Tartuf, aisné
» de celuy de Molière de sept a huit ans. Vous en ferez
» la justification par la lumière particulière que vous avez
» de ces sortes de gens dont la conduite m'a fourni de
» pensées, car je puis vous asseurer que j'ay travaillé
» après le naturel sans sortir de Caen (1). »

Les deux satires qu'il nous reste à examiner s'éloignent
un peu de ce genre philosophique ; elles n'ont pas davantage les tendances purement littéraires de la pièce des
Censeurs, ni les visées historiques et économiques de la

(1) *Correspondances.* Ms. de M. le marquis de Caligny.

critique dirigée contre les *Financiers*. Simples croquis de mœurs provinciales, elles tendent simplement à nous présenter le tableau de la vie oisive et inutile des classes riches à la ville et à la campagne. Les deux compositions se font pendant et se complètent l'une par l'autre, et il se dégage, par la force même des choses, de ces descriptions écrites en apparence sans arrière-pensée, un salutaire enseignement.

Cependant, il faut en convenir, si les satires du *Citadin* et du *Gentilhomme campagnard* rivalisent d'honnêteté dans leur but, elles sont loin d'avoir la même valeur littéraire. Tandis que la première, avec son interminable naumachie justement blâmée par Halley, ne peut guère nous offrir de saillant que des détails de toilette, la description d'un repas ridicule et quelques indications sur le jeu du *Papegaut*, la seconde, infiniment mieux ordonnée, captive l'intérêt par une série d'aperçus pris sur le vif, remarquables par la justesse de la critique, le mouvement de la pensée et l'abondance des détails pittoresques.

Quoique appartenant à la meilleure noblesse, le poète s'y montre absolument dégagé de préjugés; il malmène Cicéron pour ses opinions aristocratiques (1), et il dirige contre les hobereaux de campagne des attaques multipliées et impitoyables.

(1) Ce hâbleur qui jadis prit son nom d'un pois chiche.

La campagne est chez nous le séjour ordinaire
De ces petits tyrans que je m'en vais pourtraire,
Non parce que les champs semblent tenir encor
Quelque chose du temps que nous appelons d'or,
Et que, n'estouffant pas cette ancienne semence,
L'homme de bien y vit avec plus d'innocence ;
Mais pour ce qu'esloignez de l'œil des magistrats,
Avec moins de contrainte, ils entendent le bras,
Et qu'au lieu d'un bourgeois que l'humeur de la ville.
Rendit moins patient, plus fort et plus habile,
Ils font bien mieux valoir leur crédit prétendu
Sur un simple paisan, chétif, indéfendu.

Cet exposé rapide n'est que le début ; il faut lire tous
les développements qui viennent ensuite pour juger du
relief que, cette fois, l'auteur a su donner à ses idées.
Le *Gentilhomme campagnard*, comme il l'a décrit, est
digne du *Pharisien du Temps*. Les deux médaillons sont
également soignés et également réussis ; mais s'il fallait
faire un choix, nous donnerions la préférence au premier,
qui nous semble plus achevé et plus près de la réalité.

L'horreur du travail, les basses habitudes, les réceptions
burlesques, la domesticité ridicule, l'attitude orgueilleuse
du patron à l'église, et je ne sais quel imperturbable mélange de sottise et d'orgueil, tout est fondu dans un
ensemble piquant qui ne manque ni d'agrément, ni d'ori-
ginalité. On sent bien par endroits quelques réminiscences

du *Cousinage* et du *Gentilhomme*, des *Exercices de ce temps*. Mais ces imitations lointaines n'ont rien d'excessif et laissent à l'œuvre sa valeur propre et sa force ironique.

L'emploi des *litres* ou ceintures funèbres, la fausseté impudente des généalogies, l'abus étrange des armoiries ne pouvaient échapper à une inquisition aussi consciencieuse. Dans sa satire sur la noblesse, Boileau, stigmatisant le même travers, s'est contenté de quelques vers.

> Aussitôt maint esprit, fécond en rêveries,
> Inventa le blason avec les armoiries.
> De ses termes obscurs fit un langage à part,
> Composa tous ces mots de cimier et d'écart,
> De pal, de contrepal, de lambel et de fasce,
> Et tout ce que Ségoing en son Mercure entasse.

Une pareille concision ne pouvait convenir à Garaby ; la sobriété ne fut jamais son fait, et il y préfère volontiers une exposition abondante qui parfois ne va pas même sans quelque désordre. Dans le sujet spécial qui nous occupe, cette richesse n'est pas un défaut, et ces explications compendieuses nous semblent aussi intéressantes par la science héraldique qu'elles supposent, que par la verte franchise du langage.

> Mais quel salmigondis d'aisles, de pieds, de testes
> Diverses en couleurs, de cent diverses bestes,

Disposé par quartiers sur un grand bandeau noir
Autour de ceste église a mes yeux se fait voir.
Ceste litre se met, au jour des funérailles,
Tesmoignage de deuil qu'en portent les murailles,
Et n'est là si beau saint qui, de noir barbouillé,
N'y puisse estre parfois assez mal habillé.
Et fut-ce saint Michel, sous ces couleurs funèbres
Que peut estre on y prinst pour ange de ténèbres.
Un tel post parti, couppé, taillé, trenché,
Gironné, componné, le chef d'or emmanché,
A l'aigle eployé d'or, béqué, membré de sable,
Aux lions affrontés et de couleurs semblables,
Lions léopardés, léopards lionnés
Issans, rampans, armés, lampassés, couronnés
A la panne de vair ou fourrure d'hermine,
Et telle broderie estrange et si badine
Que je ne scay comment ce galimatias
A pu gaigner sur nous que l'on en fasse cas.
J'ay réputation d'y sçavoir quelque chose,
Le texte en un besoin y recevroit ma glose,
Et j'ay beaucoup peiné pour y réussir bien;
Vous me croirez pourtant, ma foi je n'en scay rien.
Lorsqu'un chef de maison tiré de la poussière
Mit la première fois sa noblesse en lumière
Son escu choisit-il avec discrétion?
Figura-t-il par là quelque belle action?
Et quel rapport ces pals, chevrons, bandes, cotices,
Ont-ils avec nos mœurs, nos vertus ou nos vices?
Pourquoi sable pour noir? Pourquoi l'azur pour bleu?
Sinople pour le verd? Gueules pour rouge ou feu?

Tel, qui n'a jamais eu d'habillement de teste
Que celui que Catin à son vieillard appreste,
Dessus ses armes porte un beau casque de front,
Un riche lamequin, dont les pointes en rond
Forment à gros bouillons un superbe panache,
Pour ombrager le tout, à ce timbre s'attache.
De plus encore j'y vois des lions rugissants,
Dragons ailez, griphons, léopards menaçants
Faire la sentinelle auprès de l'armoirie,
Comme si tout exprès ils quittoient leur furie
Et que, pour honorer cet illustre bouchon,
Ce fussent animaux à porter en manchon.
Et voylà toutefois les marques authentiques,
Voylà tout le relief de ces nobles antiques,
Qu'ils font peindre ou graver en cent divers endroits
Et dont si sottement ils brodent ces paroys.
Parlez à quelqu'un d'eux, il vous fera entendre,
S'il est Picard, qu'il touche aux Baudouin de Flandre,
Si Provençal, qu'il vient de ces Romains anciens,
Si Gascon, qu'autrefois le Captal fut des siens,
Ou Normand, que son nom est célèbre en la guerre
Que nostre Duc Guillaume eut avec l'Angleterre.
Ainsi chacun entr'eux dist merveilles de soy ;
Diable puisse emporter qui les croit, si c'est moy (1).

Le type du gentilhomme campagnard, si vivant dans la satire que nous venons de parcourir, hanta longtemps l'imagination de La Luzerne. Ce monde bruyant, haut en

_____

(1) Ms. français, pp. 330, 323-335.

8

couleur, ne comprenant que la chasse, les chevaux, les repas et les plaisirs vulgaires, lui était antipathique par goût et aussi par tempérament. Il y est revenu à plusieurs reprises, et il l'a décrit sous ses divers aspects avec tant de complaisance, qu'il est aisé de voir que c'était là pour lui un sujet d'observations quotidiennes, dont ses voisins du Cotentin faisaient le plus souvent les frais.

Il existe, dans le Recueil de la Bibliothèque nationale, plusieurs pièces conçues dans cette donnée ; nous nous contenterons d'en citer une seule. Elle remonte à l'année 1647 et elle a le double mérite de la franchise et de la brièveté. Le titre qui la précède indique à lui seul, et d'une manière fort expressive, la pente des sentiments de l'écrivain.

A Monsieur de la Haye, excellent peintre, pour remerciement d'un tableau, où il avait représenté la Poésie et la Peinture qui se baisaient à la rencontre, pour marque de l'amitié que nous nous portons et de notre joye de nous estre inopinément retrouvés.

Indignation contre les nobles de Province, ignorants, la plupart, particulièrement de la poésie et de la peinture.

A l'aspect de ton beau tableau,
Rare chef d'œuvre du pinceau,

Symbole d'une honnête flamme,
Voyant ces deux arts glorieux,
Dont l'un ne charme pas moins l'âme
Que l'autre sçait tromper les yeux.

Je dis comment rares esprits
Nobles a lièvres et perdrix,
Si décisifs en toute chose,
Avez-vous le goût si grossier
Que ce vous soit science close
Que la fin de nostre mestier !

Ils mettent tout en mesme rang :
Plastrez du verd, du jaune ou blanc,
Ils vous diront que c'est peinture.
Rimaillez à tort à travers
Sans nombre, cadence ou mesure,
Ils vous diront que ce sont vers.

Si Michel-Ange revenait,
Si Raphael l'accompagnait,
Et saint Denis avec sa male ! (1)
Parbleu ces fameux Italiens
Passeraient pour peintres de bale,
A leur avis, auprès des siens.

Naugrebleu des impertinents,
Asnes bastés, qui n'ont de sens

---

(1) « Saint Denis estoit un marchand de nos jours qui battoit la
» campagne et vendoit des tableaux en detrempe. » Note de l'auteur.

Qu'au chenil et pour l'écurie!
Ils parleront cheval ou chien,
C'est là toute leur industrie;
Du reste ils ne discernent rien (1).

Ces extraits, que nous avons peut-être trop multipliés,
et l'édition des satires, que nous avons entreprise à la
demande du savant et dévoué président de la Société des
Bibliophiles rouennais, nous paraissent de nature à fixer
définitivement la physionomie de Garaby. Le poète ainsi
mis en lumière, est toujours, suivant l'observation judi-
cieuse de l'évêque d'Avranches, plus facile qu'achevé,
plus copieux qu'élégant; mais il est, par certains autres
côtés, de beaucoup supérieur à celui que les productions
signalées jusqu'ici permettaient d'apprécier.

Au lieu d'un palinodiste, écho affaibli de Rouxel et
d'Halley, d'un faiseur d'impromptus de société, à la manière d'Augustin Le Haguais et d'un successeur médiocre
de Matthieu et de Pibrac, nous avons un satirique véritable, doué de sens moral, de causticité, d'observation, et
digne de prendre place à côté de Vauquelin de la Fresnaye
et de Sonnet de Courval.

Inférieur au premier pour les qualités du style, il vaut
mieux que le second, sinon par la curiosité des détails,

(1) Ms. no 330, 3e partie, p. 227.

au moins par la correction, l'élévation des idées et le
sérieux des aperçus. C'est un nouvel aspect de son esprit,
et, sans contredit, le meilleur que nous offre le manuscrit
de la Bibliothèque nationale.

La révélation a son importance, et nous ne saurions
oublier que nous la devons à M. Léopold Delisle, qui a
reconnu, le premier, la valeur de ces feuillets dédaignés,
et les a signalés à notre attention.

Eugène DE BEAUREPAIRE.

LES SATYRES

DE

GARABY DE LA LUZERNE.

I.

L'INFIRMITÉ DE L'HOMME.

A M. HALLEY.

Professeur du Roy en éloquence

Reçoy ces petites estreines,
Afin de te ressouvenir
Du néant des choses humaines,
Et qu'il nous faut un jour finir :
Mais qu'on verra ce finir mesme,
Premier que se puisse altérer
Cest' inclination extresme
Que je conserve à t'honorer.

> Homo natus de muliere brevi
> vivens tempore repletur multis
> miseriis qui quasi flos egreditur
> et conteritur et fugit velut umbra
> et nunquam in eodem statu per-
> manet.
>
> Job. 14.

Vrayment c'est à bon droit que l'homme ambitieux
Se vante de tirer sa naissance des Cieux,
Qu'il dit que Dieu l'a fait son lieutenant en terre
Et qu'il est le Seigneur de tout ce qu'elle enserre,

A

Luy qu'un peu de crachat, un chetif excrément
Entre deux sales peaux forma si foiblement,
Qui d'un plaisir brutal est l'imparfait ouvrage
Et qui doit ce qu'il est au roûlement de l'âge,
Jouet de la Fortune, esclave du plus fort,
Le rebut de la vie et le prix de la mort.
·Que dis-je de la mort? Combien d'effets estranges
·N'esprouve-t-il pas de misérables changes,
Premier que d'arriver à cest' extrémité
Qui clost ce peu de temps par une éternité !
Car, sans parler icy des malheurs déplorables
Qui panchent du dehors sur nos testes coupables,
Nous sommes de nos maux les premiers instruments,
Ce nous sont assassins que les quatre éléments,
Dont l'humeur obstinée à nous faire la guerre
Ne met les armes bas qu'elle ne nous atterre,
En leur dissension, conservant cet accord
Que chacun d'eux conspire à nous donner la mort :
Mort, qui ne se faisant qu'à certain coup parestre,
Règne avec nous pourtant toujours depuis nostre estre.
Veu que de l'un suit l'autre et que le premier pas
Qui conduit à la vie achemine au trépas ;
Et puisqu'en mesme estat l'homme un jour ne demeure,
Il ne se peut qu'ainsi chaque jour il ne meure.
Mais prenons de plus loing le fil de ce discours
Considérons cet homme au levant de ses jours.

Les neuf mois, limitez par l'ordre de nature,
A peine à sa sortie ont donné l'ouverture
Qu'il esclate en sanglots et se dissoud en pleurs,
Comme par préjugé de ses futurs malheurs!
Les autres animaux, lorsqu'ils viennent de naistre,
Reconnoissent la vie et cherchent à repaistre
Et de tous l'homme seul, si facheux à nourrir,
Semble se condamner de luy mesme à périr.

Vous diriez à l'ouyr que dès lors il murmure
Du present qu'en naissant il tient de la nature;
Il aime son néant, à regret il en sort,
Et voudroit avoir fait naufrage dez le port.
Mais, sans l'en consulter, le ciel l'ayant fait naistre,
C'est à luy de souffrir les suites de son estre.
Le voylà sans deffence, au milieu des assauts,
Dans un mechant esquif, sur une mer de maux.

L'humide avec le chaud, dominant en cest age,
A cent corruptions ce petit corps engage;
Ce n'est que salleté, ce ne sont que tourments,
Premier que de se voir tant seullement des dents.
Si le sang des parents, ou bien de la nourrice,
Pèche en ses qualités, il en porte le vice;
Il ne fait que languir et dans ceste saison,
Il n'a rien de l'humain, n'ayant point la raison.
De ces premières fleurs la juste connoissance
Peut témoigner les fruits de son adolescence.

Lorsque l'ardeur du sang fait bouillir ses esprits,
Lorsque sur la raison les sens gaignent le prix,
A combien d'accidents le trop de hardiesse
N'abandonne-t-il pas cest' aveugle jeunesse,
Et combien son conseil fait-il de mauvais pas
Si du premier encor il ne tombe au trépas !
Nulle discrétion, l'intérest seul du vice
Et de sa passion gouverne son caprice !
Il prétend savoir tout, il n'admet point de loy
Que celle que luy mesme il compose pour soy.
Il ne discerne point le juste et l'agréable ;
Ce qui flatte ses sens n'est que trop raisonnable ;
Et, comme si la mort n'en faisoit que trop peu,
Il luy court au devant, luy mesme luy fait jeu,
Reveille son aigreur, sollicite sa rage
Et, prestant sa main propre à son propre dommage,
S'attire des malheurs dont le funeste cours
Ne rencontre de fin qu'avec ses tristes jours.
L'homme n'a qu'un chemin pour gaigner la lumière,
Par mille différents il entre dans la bière.

L'ambition, venant à prendre le haut bout,
Rend cet esprit hagard, susceptible de tout.
Ce n'est que feu, que sang, que chasteaux en Espagne
Vains projets d'entasser montagne sur montagne,
Qui n'enfantent souvent, pour digne et juste prix
De tous ces grands desseins, qu'une abjecte souris.

A mesure qu'il voit augmenter ses années,
Il void ses libertez d'autant plustost bornées.
Les debtes, les procès ou le soin d'amasser,
Sont autant d'ennemis qui le vont terrasser.
Et peut-estre adjoustez la mauvaise fortune,
Pour surcroist a son mal, d'une femme importune,
Embarras de la vie, ennemi du repos,
Coup presqu'inévitable aux misérables sots!!
Se trouve-t-il garni du fade nom de pere
C'est à lui de penser à la petite affaire.
N'eut-il que vingt-cinq ans, il se faut retrancher
De tout ce que les sens ont d'aimable et de cher,
Faire le réchigné, le casanier, le chiche,
S'enterrer tout vivant pour rendre un enfant riche,
Ou s'acquerir un gendre à beaux deniers comptants,
Qui, voyant ses désirs à nos despens contents,
Sans nous en scavoir gré, fait passer nostre fille,
Avecques nostre argent, dans une autre famille;
Ou bien, s'il en attend quelque chose de mieux,
Enrage que la mort ne nous ferme les yeux!
De là les déplaisirs et la morne tristesse,
L'inutile regret d'une verte jeunesse,
Alors que nos enfants, goustant l'aise des sens,
Nous semblent reprocher nos desirs impuissants.

Si par hasard il vient à l'an climatérique,
Son esprit s'affoiblit, son corps devient hétique,

Tout déplaist à son goust, et ses yeux chassieux
Se tiennent offensés de la clarté des Cieux,
D'autant plus ridicule à courtiser la vie,
Qu'elle luy doit alors estre plustost ravie.
Bastiment ruineux qu'un baston seulement,
Comme un foible estançon, asseure impuissamment,
Charge inutile aux siens, importune à soy mesme,
Déjà touchant d'un pied le sueil du manoir blesme,
Car, comme d'un sapin, couppé jusqu'a moitié,
Le bransle du couppeau nous fait juge du pié,
Ainsi de ce vieillard la teste chancelante
Est un signe évident de sa chûte pressante.
Ce riche vermeillon qui relevoit son teint
Sous la froideur du sang demeure alors éteint ;
Et ce ferme embonpoint, qui nous rondit la joue,
Colle la sienne aux dents, luy fait faire la moue,
Et renfonçant ses yeux en leur double caveau,
Leur marque dans ce crasne un lugubre tombeau.
Cent rides, de cent traits, découpent son visage ;
Les plus friands ragousts sont hors de son usage,
D'autant que désormais son estomact glacé,
Pour peu que l'on le charge, en demeure offensé.
Son corps fait laschement banqueroute à son ame
Il ne luy reste plus qu'un filet de sa trame ;
L'humide radical, déniant l'aliment,
La chaleur naturelle agit nonchalamment.
Ainsy, par le défaut de l'huyle qui nourrisse

La flamme dans la lampe, il faut qu'elle périsse.
La pierre dans les reins luy tire des accents
Capables de porter la douleur aux absents !
La goutte nuit et jour le met à la torture,
Et les prestres enfin dedans la sépulture !
Les cloches fendent l'air, et par leurs bruits confus,
Font entendre qu'il fut, mais pour lors qu'il n'est plus.
L'esprit n'a pas plustost quitté cette carcasse
Que la corruption s'empare de la place.
Ceux que le seul clein-d'œil eust faist partout marcher,
Palles d'estonnement, ne l'osent approcher.
Adieu ces noms flatteurs de *Monsieur* de *mon Maistre*
On les perd au mourir, comme on les gagne au naistre.
Les vers et les serpents fourragent dans son corps
Et ces yeux dont l'amour animoit les ressorts,
Ces yeux, de tant d'attraits la source toujours vive,
Ces yeux qui par les yeux rendaient l'âme captive,
Ne servent maintenant qu'à nicher des crapaux.
Mais je ne touchois pas que la Mort de sa faulx
Egalle au vigneron le plus puissant monarque ;
Qu'elle n'a pour pas un de différente marque
Et qu'il n'en reste rien qui nous fasse juger
Si ce sont là les os d'un prince ou d'un berger,
Puisqu'on void tous les deux seulement se resoudre
De vivant en charogne, et de charogne en poudre !

. Eh bien voylà ton sort, voylà ta dignité,
Animal impuissant, bouffi de vanité,
Qui semble ne fouler que par dépit la terre
Et braver du sourcil le séjour du tonnerre.
Voylà ce grand seigneur, ce roy de l'univers
Que je ne sçay s'il vaut le moindre de ces vers.

———

II.

LES CENSEURS IGNORANTS.

A M. MESNAGE.

Toy qui me fais l'honneur d'arrester ton esprit
Au chetif entretien de ce petit escrit;
Toy, qui, prenant en main les fascheuses affaires
Du pauvre Calepin et des Dictionnaires,
Par ceste ample requeste, à ce que chacun croit,
Si généreusement as défendu leur droit;
Qui, mariant l'aquis à l'heureuse nature,
Pourrois trop mieux qu'aucun exercer la censure;
Si mon style ne peut en parer la rigueur
Juge de mon dessein au moins avec faveur.
Bien que je porte au front le titre de satyre
Ne puis-je pas aussy dire vray sans médire?
Ce n'est pas bien mon jeu de cajoller autruy :
S'il se raille de moy, je me moque de luy.
Tant mieux; pourveu qu'ainsi nous nous purgions la rate,
N'importe à quels dépens sa belle humeur éclate.

B

Je suis, comme jadis ces chevaliers errants,
Prest à choquer tous ceux qui viendront sur les rangs.

Or maintenant j'en veux à la trouppe insolente
·De ces petits savants qu'un sot orgueil tourmente
D'élever leur crédit, par quelque rare effort,
Au dessus du pouvoir de l'injurieux sort.
On void ces escriuains, à peine hors d'eschole,
Donner le poids d'arrest à leur moindre parolle,
Déchiffrer à leur gré, l'air, la terre, les cieux ;
Condamner les nouveaux, pointiller sur les vieux,
De la perfection loger si haut l'idée,
Que leur seule vertu s'y rencontre guidée ;
Nous former un patron de leurs fades humeurs,
Ne pouvant rien sur l'art, entreprendre les mœurs ;
Hormis ce qui leur plaist, mettre tout en problème,
Se bailler pour exemple et se citer soy mesme ;
Voler impudemment chez les meilleurs autheurs
Si peu que leurs escrits ont d'attraits et de fleurs :
Accuser les plus grands d'erreur ou d'imposture،
Et prétendre enseigner l'éloquence à Mercure.
« Un tel sent le Pedan ; un tel n'a point de feu ;
» Cettuy-là parle trop et cettuy-ci trop peu.
» Un Malherbe n'a rien que la beauté des rimes ;
» Théophile en a fait qui ne sont légitimes ;
» Ronsard prend tout d'Homère et son rude discours
» N'approche que de loing du poli de nos jours ;

» Du Barthas fait juger, avec ses épithètes,
» Que ses œuvres sans clous resteroient imparfaites.
» Du Vair a quelques mots qui ne sont pas françois,
» Les lettres de Balzac n'ont pas assez de poids :
» Charon est trop hardi ; Montagne est trop volage;
» Ce premier du second a tiré son ouvrage.
» Thiron et son neveu ne sont pas plus heureux
» L'un ou l'autre a sa tache et parfois tous les deux :
» Amiot à leur gré n'a pas sceu tout Plutarque ;
» Souvent la version y pèche on la remarque.
» Et maintenant qu'on met le theatre si haut
» Qu'il se croit ou jamais eloigné du défaut
» Et qu'il place le *Cid* au rang de ses merveilles,
« Ce beau *Cid* toutefois blesse encor leurs oreilles ! »
Un souris dédaigneux leur donne authorité
Du nom du bel-esprit s'enfle leur vanité.
Car, pourveu qu'avec front l'arrest s'en exécute,
C'est assez à leur gré pour vuider la dispute.
Conter en leurs discours certains mots affectés,
Quant on cite quelqu'un faire les dégoutés,
Payer d'un « n'est pas mal », une œuvre non pareille
Ou pour toute raison « cela choque l'oreille ;
« Je ne le goute point » voyla leur entretien.
Ils ne le goutent point, partant il ne vaut rien!
Plaisant raisonnement! cause fort nécessaire!
Comment faut-il, Messieurs, estre fait pour vous plaire?
Cependant n'aille pas leur dire : « Faites mieux. »

Qui ne veut encourir le nom d'injurieux ?
Moins se témoignent-ils aisés à satisfaire
D'autant mieux pensent-ils s'éloigner du vulgaire,
Et qu'à proportion de leur goust rare et fin
Nous devons estimer leur esprit plus divin.
Regardons ces Messieurs comme autant de miracles ;
Recevons leurs avis comme décrets d'oracles ;
Heritiers supposés des neuf scavantes sœurs,
Gens abbreuvez de biere, au lieu de leurs douceurs,
Chiens galleux et hargneux, qui sans relasche abbayent
Après tous les scavants dont les plumes s'essayent,
Malheureux et trompés en cela néantmoins
Qu'ils censurent tousjours ce qui pèche le moins,
Imitant justement un guerrier mal habile
Qui, par les meilleurs flancs, voudroit battre une ville :
Sote erreur qui provient de n'y connoistre rien
Et juger du talent des autres par le sien.
Ou bien, en noircissant les plus dignes passages
Qui peuvent acquerir du nom à des ouvrages,
Ils accusent le tout de son peu de valeur
Et cherchent du crédit par la perte du leur.
Enfin ils se font voir si hardis à reprendre
Qu'ils n'est rien si bien fait qui s'en puisse défendre,
Que si quelque zélé s'en pique tant soit peu,
Ils ne cherchent pas mieux pour faire beau jeu.
La chicane n'a point de pièce en sa boutique
De propos, de response et replique et duplique

Que, pour pousser à bout le dernier attaquant,
Ces nobles champions ne mettent en avant,
Souvent ne faisant pas fort grande conscience
De mentir pour sauver l'honneur de leur science.
Dieu scait en quel estat et quelle extrémité
Se trouve alors chez eux la pauvre verité !
Brouillent-ils le papier, leur esprit s'intéresse
Dans le gain du débit et les frais de la presse.
Quelque nom, figuré pour titre specieux,
Vous jettera d'abord la metaphore aux yeux.
Et com' ils ont sujet de veiller aux allarmes,
Ils marchent en public couverts de toutes armes.

L'ouvrage est excellent et fort digne de foy
Parce qu'en privilege il porte un *Par le Roy.*
Ce ne sont que Sonnets qu'Eloges qu'Epigrammes
Pour louer hautement la grandeur de leurs âmes,
Et crainte d'y manquer, sous quelques noms d'amis,
Eux mêmes bien souvent taschent qu'ils y soient mis.
A les ouyr, eux seuls donnent la juste gloire,
Départent les faveurs des filles de Memoire,
Et peuvent obliger les siècles à venir
De garder qui leur plaist en leur cher souvenir.
Ils n'ont rien plus fréquent que l'accueil favorable
Que nos neveux feront à leur nom vénérable,
Un jour que leurs tombeaux, érigés en autels,
Fumeront de l'encens qu'on offre aux immortels

Et, comptant de cela comme de choses faites,
Veut mesme, si l'on veut, en assigner leurs debtes
Mais pour me faire ici bouclier de la vertu,
Ne fais-je point le sot? Mesnage qu'en dis-tu?

III.

LE NOBLE CAMPAGNARD.

Le trouve bon ou non, quiconque dans ces vers
S'imaginera voir ses vices découverts.
On m'eut plutost chastré que m'empêcher d'escrire
Sur un si beau sujet quelque mot de satyre :
Car c'est tout aussi peu mon mestier de flatter
Que celuy d'un galleux de ne se point gratter.

A bien considérer, c'est une chose estrange
Comme tout en ce monde avec le temps se change :
Et n'est rien de si beau, de si digne et si grand
Qui n'aille en son contraire enfin dégénérant !
Témoin à ce propos nostre belle noblesse
Qui ne tend a rien moins qu'a ce qu'elle professe :
Bien qu'à la vertu seule elle veuille devoir
Les honneurs éminents qu'elle prétend avoir,
Si'l est vray ce qu'ecrit, en babil le plus riche,
Ce hableur, qui jadis prit son nom d'un pois chiche,
Qu'autrefois les humains vivant barbarement

Espars, qui ça, qui là, sans mœurs, sans réglement,
Guidés du seul instinct que la mère nature
Inspire avec l'estre a chaque créature,
Quelqu'un d'entr'eux, doué d'un plus civil esprit,
Les ayant ramassés, sagement leur apprit
Ce que c'est que vertu, ce que c'est que du vice
Et par là leur donna le goust d'une police.
Lors ce peuple, admirant, en un projet si beau,
Le merite éclattant de ce docteur nouveau,
Approuve son discours et luy mesme authorise
Son empire naissant, du don de sa franchise :
De là le commander et l'obéir chez nous,
L'avantageux pouvoir de quelques-uns sur tous.
Et partant, au discours de ce consul de Rome,
De là nostre paisan et nostre gentilhomme.

Pour leur faire plaisir, je le veux croire ainsi.
Je diray toutefois qu'il me souvient icy
D'un Caïn, d'un Nembroth, et tels autres visages,
Gens de sac et de corde, enrichis de pillages,
Premiers autheurs du nom de ville, de cité,
Détestables vainqueurs de nostre liberté.
Ces galants, partagés d'audace non commune,
Favorisés d'ailleurs d'une bonne fortune,
Goustèrent les premiers l'aise de commander ;
De la force et de l'art se firent seconder,
Fourbant tantost les uns par des promesses vaines,

Des autres s'asseurant par la rigueur des peines :
Car tel fut de tout temps et sera nostre sort
Qu'il faut que le plus foible obéisse au plus fort,
Et suivant le chemin, où tout le monde trotte,
Que le moins fin partout y porte la marotte.
Mais il faut s'espargner et, parce que j'en suis,
N'en dire pas icy tout le mal que je puis.

La campagne est chez nous le séjour ordinaire
De ces petits tyrans que je m'en vais pourtraire,
Non parce que les champs semblent tenir encor
Quelque chose du temps que nous appellons d'or,
Et que, n'estouffant pas cette ancienne semence,
L'homme de bien y vit avec plus d'innocence,
Mais pource qu'eloignés de l'œil des magistrats,
Avec moins de contrainte ils estendent le bras,
Et qu'au lieu d'un bourgeois, que l'humeur de la ville
Rend et moins patient, plus fort et plus habile,
Ils font bien mieux valoir leur crédit prétendu
Sur un simple paisan, chétif, indéfendu,
Qui, malheureux qu'il est, n'a de plus fortes armes,
Pour disputer son pain, que ses vœux et ses larmes.

Mais il est important de connoistre comment
Ce petit prince en verd s'instruit premièrement :
Par là juger du tout : puisque la nouriture,
Au dire d'un chacun, vaut un' autre nature.

Par maximes reçues entr'eux, de main en main,
Défenses d'y parler ny mot grec ny romain ;
Défenses d'attenter, sur peine de la vie,
Aux mystères sacrez de la philosophie !
C'est à faire aux pédans ; l'homme de qualité
Ne pique de cela sa noble vanité.
A moins qu'un homme soit de robe ou de soutane,
Le plus scavant chez eux passera pour profane ;
Escrire et parler mal est ce qui leur siet bien ;
Comme s'ils prêtendoient que, pour ne scavoir rien,
Ils fissent plutot croire au buffle de vulgaire
Qu'ils ont moins estimé bien dire que bien faire.
Dès lors qu'avec le temps il se rend un peu fort
La plus digne leçon qu'il pratique d'abord
Et l'épreuve qu'il fait de son jeune courage
Est à courre au taillis la garce de village.
Il n'est point de paisan, si curieux d'honneur,
Qui puisse dénier sa fille à un seigneur :
Qu'au contraire pour lui c'est une sauvegarde,
Du moment que Monsieur de bon œil la regarde.
Encor trouvera-t-il trop de gens aujourdhui
Qui, sans difficulté, prendront le fait pour luy
Et, croyant s'affranchir du pli de la baguette,
Se donneront tout haut l'œuvre qu'ils n'ont pas faite !
Heureux, si par leur nom, le passé réparant
Ils pouvoient posséder en paix ce demeurant,
Grande et rare faveur ! a moins qu'au mariage

Cet abatteur de bois d'avanture s'engage
Où, trouvant à briser ses amoureux efforts,
L'employ de la maison fasse tresvé au dehors.

  Or, puisqu'il est ainsy, visitons son mesnage.
A la porte paroist, le nommerons nous page
Ou laquais, ce garçon, qui d'un fil com' à vis
Peut abattre et monter ses chausses à gros plis.
Page pour la maison, laquais pour la campagne.
Allons! Monsieur advance avéques sa compagne.
O qu'il a bonne grace! O Dieu qu'il est civil!
« Hé, Monsieur, je vous suis serviteur me dit-il ».
Ensuite comm' on vient aux honneurs de la porte :
« Je ne passeray pas ou le diable m'emporte
Je resterois plustot! » — « Vous vous riez de moy! »
— « Je ne scay pas si peu, Monsieur, ce que je doy! »
Parmi ces compliments, pliant son corps en S.
Temoignage naif de sa belle justesse,
Il jure coup sur coup qu'il ne le fera pas ;
L'autre, pour l'y porter, fait arriere trois pas
Et prend plus de terrain, avec ses glissades,
Qu'il n'en faut pour mettre un cheval à passades,
Après ce long duel de leur civilité,
— « Je passe, mais dit-il, peur d'importunité. »
En suite il faut baiser damoiseaux, damoiselles,
Soient puantes ou non, ou difformes ou belles :
De rechef badiner, et des reins et des yeux,

Pour l'honneur de la place, à qui fera le mieux.
L'un tire un escabeau ; l'autre approche une chaise,
Piquez de cest' humeur ridicule et niaise ;
Un quart d'heure s'en va qu'ils sont encore debout.
La dame cependant donne l'ordre partout
De l'œil huche un valet, parle à l'autre en l'oreille,
L'envoye à tel endroict querir telle bouteille,
Ou luy baille une clef, d'un tour de poing adroit,
Ainsi qu'un avocat, qui, recevant son droit,
Si finement l'empoche, en destournant la vue,
Qu'il ne vous semble pas seulement qu'il remue.
« Eh bien, mon cher cousin (car tout gentil hommeau
Est au gentil hommeau ce qu'est ladre au méseau),
« Nos chiens chassent-ils bien ? Sont-ils bons pour la queste,
» — Mon cousin jamais chiens ne suivirent mieux beste.
» Quand le lièvre est sur pied, quand il tombe en défaut
» C'est plaisir que d'ouyr et Princesse et Briffaut,
» Jamais autre, je croy, ne donna tant de peine
» Que celuy qu'au millieu de nostre grande plaine
» Mes chiens heureusement levèrent l'autre jour.
» Ce drosle s'avisa d'aller prendre le tour
» De ce large vallon qui borde la campagne ;
» Il passe la rivière, enfile la montagne,
» Entre dans un taillis qu'on trouve a costé droit,
» Fait ses ruses, et part, vuidant par mesme endroit,
» Donne par un fossé, tout couvert de broussailles,
» Alors vous auriez veu des Millauts des Morailles

» Courir qui ça, qui là, brosser halliers et forts
» Lors qu'ils en rencontroient, avéqùes tant d'efforts
» Redoubler leur menée, en feu manger la terre,
» Qu'on oyoit dans ce bois com' un petit tonnerre. »
Au récit de ce bruit cet esprit emporté,
Avec tant de grimasse et de naïfveté,
Fait la description de son plaisir extresme
Qu'en parlant de ses chiens il fait le chien luy mesme,
« Non il n'est point, dit-il, de passe temps plus grands
» Que de se divertir après des chiens courants. »
    Mais le soleil est haut et desjà l'heure presse ;
Le custos est venu nous querir pour la messe.
Le pauvre maistre Jean, desja demy vestu,
Et de froid et d'ennuy longuement combattu,
Accoudé sur l'autel, faisant le pied de grue,
Avec impatience attend nostre venue.
    De grace icy, ma Muse, un peu d'attention ;
Considère avec moy son air, son action
Au branle de ce corps, où la vanité loge,
Ne te souvient-il pas d'un balancier d'horloge ?
A faire le gros dos dit-il pas qu'autrefois
Les grands services l'ont courbé sous le harnois ?
A-t-il point, à luy voir ainsi l'oreille pandre,
Sinon le cœur, au moins la teste en Alexandre ;
Et ce baston noueux qui lui garnit la main
Figure-t-il si mal son pouvoir souverain ?
Place place ! Païsans ! desja tout proche eclatte

Avec la plume au vent, son morceau d'ecarlatte.
Serrez vous! C'est Monsieur qui d'un orgueilleux port
Passe droit et couvert, pour ne se faire tort.
Tout au haut bout du chœur, en sa place ordinaire,
Une chaise l'attend, au pied du sanctuaire.
La, comm' un Pharamond, la main sur le costé,
Le pied droit en avant plus que l'autre posté,
De ses braves guerriers se fait voir à la teste ;
Ce tiercelet de Roy, de mesme aux jours de feste,
En pareille posture et mesme authorité,
Sur ces pourpoints de toile estend sa gravité !
Quand le prestre fait voir le mystere adorable,
En cest' autre figure est-il moins admirable?
Comme s'il dedaignoit le devoir de chrestien,
Il n'a qu'un genouil bas ; l'autre, en gibet à chien,
Sert d'appui messéant à sa main qui détache
Les glans de son rabat ou tourne sa moustache ;
De l'autre incessamment tire et remet ses gants,
Puis fait la belle main après qu'elle est dedans.

Mais quel salmigondis d'ailes, de pieds, de testes
Diverses en couleurs, de cent diverses bestes,
Disposé par quartiers, sur un grand bandeau noir
Autour de ceste eglise à mes yeux se fait voir!
Ceste listre se met au jour des funérailles,
Témoignage du dueil qu'en portent les murailles ;
Et n'est là si beau saint qui, de noir barbouillé,
N'y puisse etre parfois assez mal habillé ;

Et fut-ce saint Michel, sous ses couleurs funèbres
Que peut estre en y print pour Ange de tenebres!
Un tel porte parti, couppé, taillé, tranché,
Gironné, componné, le chef d'or emmanché,
A l'aigle eployé d'or, béqué, membré de sable
Aux lions affrontés et de couleur semblable :
Lions léopardés, léopards lionnés,
Issants, rampants, armés, lampassés, couronnés,
A la panne de vair ou fourreure d'hermine,
Et telle broderie estrange et si badine
Que je ne scay comment ce galimatias
A peu gaigner sur nous que l'on en fasse cas !
J'ay réputation d'y scavoir quelque chose,
Le texte, en un besoin, y recevroit sa glose,
Et j'ay beaucoup peiné pour y réussir bien,
Vous me croirez pourtant, ma foy je n'y scay rien.
Lors qu'un chef de maison tiré de la poussiere,
Mit, la premiere fois, sa noblesse en lumiere.
Son escu choisit-il avec discrétion?
Figura-t-il par là quelque belle action?
Et quel rapport ces pals, chevrons, bandes, cotices,
Ont-ils avec nos mœurs, nos vertus ou nos vices?
Pourquoy sable pour noir? pourquoy l'azur pour bleu?
Sinoples pour le verd ? Gueules pour rouge ou feu ?
Tel qui n'a jamais eu d'habillement de teste
Que celuy que Catin à son vieillard appreste,
Dessus ses armes porte un beau casque de front,

Un riche lamequin, dont les pointes en rond
Forment a gros bouillons une superbe pannache,
Pour ombrager le tout, à ce timbre s'attache.
De plus encor j'y voy des lions rugissants
Dragons aislez, griphons, léopards menacants
Faire la sentinelle auprez de l'armoirie,
Comme si tout exprès ils quittoient leur furie,
Et que, pour honorer cet illustre bouchon,
Ce fussent animaux a porter en manchon.
Et voilà toutefois les marques authentiques,
Voilà tout le relief de ces nobles antiques
Qu'ils font peindre ou graver en cent divers endroits,
Et dont si sotement ils brodent ces paroys.
Parlez en a quelqu'un il vous va faire entendre,
S'il est Picard, qu'il touche aux Baudouins de Flandre;
Si Provencal, qu'il vient de ces Romains anciens ;
Si Gascon, qu'autrefois le Captal fut des siens ;
Ou Normand, que son nom est célèbre en la guerre
Que nostre duc Guillaume eut avec l'Angleterre.
Ainsi chacun, entre eux, dit merveille de soy ;
Diable puisse emporter qui les croit si c'est moy.

Mais, sans me travailler à les croire ou non croire,
Voila bien discouru, ce me semble, sans boire.
Est-ce avant dejeuner ? « Ah mon Dieu mon cousin
» Que ne commandiez vous qu'on vous donnast du vin ?
» Dupré faites servir — Mon cousin, dit la dame,

» . Vous serez mal disné. Je vous jure, en mon ame,
» Que j'ay confusion de vous traitter si mal.
» Il ne se vid, je croy, jamais hyver egal,
» Qui nous réduit si bien a la simple volaille
» Que, hors quelque chapon, nous n'avons rien qui vaille.
» Car de gibbier, en vain on y fait ce qu'on peut,
» Il ne s'en void icy non plus qu'il nous en pleut,
» Et n'en tombe morceau que le paisan ne guette
» Si finement son coup de le vendre en cachette,
» Que, malgré qu'on en ait, les marchands de Paris,
» Sous main, par les chemins, l'enlèvent à leur prix. »
Ainsi donc qu'elle prend l'excuse de sa table,
Tantost sur le sujet du temps peu favorable,
Tantost du cuysinier, peut estre yvre ou lourdaut,
Par cent défauts plus sots elle plastre un defaut.
— « Quelle heure est-il » dit-un? lors une fille honneste
S'humiliant de crouppe et relevant de teste
La machoire serrée et le gozier roidi.
— « Il est, Monsieur, dit-elle, extrêmement midy »
Gentil extrêmement! bien propre et nécessaire
Pour un discours si fort éloigné du vulgaire.

Or voicy l'officier qui commande les plats!
Qu'il a la mine riche! et qu'il marche un beau pas!
Par contenance il porte une forme de gaule,
Plat de potage en main, serviette sur l'epaule,
Le visage en couleur, le visage doux, humain

D

Comme un qui va lever la fierte saint Romain.
Sa perruque, de graisse empesée et luisante,
Jusqu'au milieu du dos en bouts d'espieu pendante,
Semble estre de celuy qui, du vent balloté,
Sans micraine, a souffert le serain d'un esté.
Un just'aucorps de cuir, qui put l'alun encore,
Et tout jaune et poudreux, ses reins larges honore ;
Un drap rouge le reste, a qui la faim des ans
Si dépiteusement fait allonger les dents
Qu'on peut douter, à voir chaque fil de sa trame,
Que ce soit ou tissure ou point de bas d'estame.
En ce bel equipage, il dispose les plats,
Les meilleurs au haut bout, les moins friands au bas,
Où, pour n'en dementir l'ordonnance parfaite,
Sous trois brins de persil règne une vinaigrette.

Après nouveau combat de compliments nouveaux,
Un chacun se prépare à jouer des cousteaux.
L'un plonge avidement sa cuiller dans la souppe,
L'autre attaque le bœuf, l'autre un poulet découppe
Et semble, à remarquer leurs divers mouvements,
Que ce soit un concert de grimasses de dents.
L'entremets ordinaire est un jargon sortable
A leur force d'esprit. Tantost ils parlent table,
Tantost chien et cheval, grillé, rosty, bouilly
Et souvent d'un valet qui peut-estre a failly.
En fin tout leur discours n'est qu'un flux réciproque

Des fautes des valets, des sausses, chasse ou troque,
Si ce n'est que quelqu'un, faisant l'homme d'estat,
Mette en jeu l'intérest de quelque potentat,
Examine le droit que le Roy peut prétendre
Sur le pays d'Artois ou le comté de Flandre
Et, donnant là dessus d'aussi prudents avis
Que l'un des Quinze-Vingt en fait de jaune ou gris,
Parle pertinemment d'une affaire voisine
Comme Toupinambou de celles de la Chine.

Mais ma muse pren garde a ce que tu nous dis.
Peut-estre touches-tu quelque Comte ou Marquis ;
Veu qu'aujourd'huy chacun, se faisant tel luy mesme,
On les void plus espais que harencs en caresme !
Comtes, Barons, Marquis, le tout *ad honores,*
Comtés et Marquisats sans lettres, sans arrests,
Tant plus tost erigez que ces marquis ou comtes
N'eut pas beaucoup à faire en la Chambre des Comptes

Au diable les Lombards qui, pour comble de maux,
Nous ont embarassés de ces droits féodaux.
Il est vassal : partant sa personne asservie
Doit ses sueurs, son temps, sa fortune et sa vie.
Monsieur, accompagné d'un chétif praticien,
Comme juge et partie, ordonne de son bien,
Pour quelque dent de lait ou moindre fantaisie,
Disant, mesme en presence, *amende avec saisie :*

« Vous apprendrez coquin à me désobliger
» Et je vous monstreray que je puis m'en vanger.
» Diriez vous qu'il osait remuer les paupieres!
» Et fait de l'entendu! Coquin! les estrivieres. »
Ha! pauvre malheureux le discours seroit beau
Qui pourroit m'obliger a te prester ma peau!
Rachepte par presents la faute qu'on t'objecte
Gaigne en particulier la personne suspecte,
Où que tu crois avoir l'oreille du Seigneur.
Immole à cet' idole ou ta fille ou ta sœur.
Elle est seule d'enfants et partant heritière.
Ce sera bien le fait du laquais La Bruyère,
Encore trop d'honneur! qu'importe de raison
D'estre la recompense aux gens de la maison?
S'il n'y veut consentir, des soldats on luy baille,
Ou bien on fait sous main qu'on le hausse a la taille,
Et, comme que ce soit, le malheureux connest
Aux despens de son fait combien il en deplaist.

Lorsqu'un de ces paisants tire l'autre en justice,
C'est a qui se rendra plus tost Monsieur propice
S'estime le plus fin qui vient le plus matin;
L'un donne du gibbier, l'autre apporte du vin :
Et, selon que Monsieur ou pour ou contre en cause,
Desjà l'un des deux croist avoir gagné sa cause.
J'en scay qui, profitant de leur infirmité,
Nourrissent tout expréz cest' animosité.

Donnent conseil à l'un, qui plus en plus s'engage;
Aident l'autre d'argent, enflamment son courage
Et jettent, par ce prest, un si subtil appas
Que son champ à la fin n'en echappera pas.

Croiray-je ce qu'on dit? Ces ames tyranniques,
Non contentes encor de leurs sourdes pratiques,
Sans honte, ouvertement se gorgent de leur sang.
On dit qu'en quelques lieux les parroissiens de rang
Ainsi qu'au pain bénit, pour conjurer leur haine,
Font la provision de toute la semaine.
Heureux si, depouillez des fruicts de leurs travaux,
Ils n'étaient pas traittez moins bien que des chevaux!

Est-ce là ta noblesse, houbereau de village ?
Est-ce pourquoy tu prens un si grand avantage
Qu'il semble qu'un paisan, en ta comparaison,
N'ose pas seulement implorer la raison ?
Bien qu'au naistre et mourir, commun à tous les hommes,
La nature trop bien monstre ce que nous sommes
Et qu'elle méconnoisse avoir rien fait de tel,
Ta qualité te semble un bien essentiel.

Appren, badin, apprend que, lorsque la Fortune
A voulu t'elever par dessus la commune,
Elle ne l'a-pas fait pour te rendre insolent ;
Son dessein n'estoit pas qu'un règne violent

Fist recevoir pour loy ton humeur lasche et noire ;
Mais que, comme tu veux qu'on défère à ta gloire
Les honneurs, les respects que tu crois mériter,
Tu tâchasses d'autant ce peuple surmonter
En justice en vertu, que tu vois sa bassesse
Te ceder en faveur de ta haute noblesse.

Or fay le, si tu veux ; et pourtant te souvien
Qu'estre vray gentilhomme, c'est estre homme de bien.

IV.

LE CITADIN.

PRÉFACE.

Un chacun, selon son partage,
Joue icy bas son personnage.
Un soldat porte le mousquet,
Un avocat vend du caquet ;
Un moine dit ses patenostres
Et les sots font rire les autres.

Ouy vous serez vangez houbereaux de village,
Et ces gros citadins, qui prennent avantage
Du discours que j'ay fait autrefois contre vous,
Si je ne suis trompé, ne s'en riront pas tous.
Chaque sorte de vie a ses défauts notables,
Selon nos goûts divers, plus ou moins reprochables ;
Mais la moins imparfaite a tousjous prou de quoy
Fournir à la satyre et d'objet et d'employ.

En effet, si l'esprit d'une humeur libertine
Dans la campagne exprès nostre noble confine,
Et, si pour mieux user de son authorité,
Il choisit sa demeure au lieu moins habité,
Peut-on pas dire aussi que la fainéantise
Les sales passe-temps, la peur, la couardise,
L'usure, la mollesse ont produit autrefois
L'inutile ramas de tous ces beaux bourgeois,
Qui, craignant la rencontre en plein champ de bataille,
Se sont fait un plastron d'un long pan de muraille.
D'où loin de tout danger, aussi fiers et mutins
Que les plus redoutez de nos vieux Paladins,
Ils peuvent, disent-ils, pour leur juste defense
Disputer à César l'honneur de la vaillance.
Et quand on vient au fait, ces braves estonnés
S'ils ne font pis par bas, saignent au moins du nez.

A bien juger aussi, quelle est leur nourriture,
Comme les voluptez corrompent leur nature,
Com' ils passent le jour, com' ils passent la nuit,
Et combien sotement tout le reste s'ensuit,
Un désintéressé trouvera moins estrange
Que si peu que ces gens méritent de louange ;
Et puisque mauvais œuf produit mauvais corbeau
Qu'ils n'engendrent aussi rien de bon et de beau.

Dix heures ont emeu les ressorts de l'horloge.
Premier que ce mignon de sa chambre déloge.

Desirez vous scavoir ce qu'il y fait si tard?
Il tasche a réparer la nature par l'art;
Il fausche son menton, ses sourcils il compasse,
Saupoudre sa perruque, apprend la bonne grâce,
Sème mousches, freslons au travers son groing,
Selon que son caprice estime de besoing
Pour paroistre plus blanc, par cet objet contraire,
Ou cacher les boutons qu'une diète austère
Plustost que les faveurs du beuveur deux fois né
A fait naistre la nuict sur son nez savonné.
Ensuite son collet occupe son adresse;
Ses manchetes de mesme, aveques gentillesse
Reprises par dessus de cent divers rubans,
Bouffent superbement sur le bord de ses gants.
Le canon avalé sur la botte jolie
Et plissé fort menu tout autour se replie.

A voir ses esperons, de galons adjustés,
Vous croiriez voir les pieds de gros pigeons pattés.
Un castor a poil ras ferme et lustré de gomme,
Pointé sur trois cheveux, couvre cet honneste homme.
Le manteau de son long, a plis droits et contés,
Recèle artistement ses bras emmaillotés.
Equippé de la sorte, il s'en va par la rue,
Estudiant de l'œil qui premier le salue;
Roide sur le jaret, de la pointe du pié
Il touche le pavé seulement à moitié,

E

Et semble, à l'observer, qu'il répète en cadance
Les cinq pas qu'il apprit de son maître de dance.
De cet air pantalon son amour le conduit
Où sa présomption croit faire quelque fruit :.
En plein chœur de l'eglise, à la messe des dames
Ne prétendant rien moins qu'allumer tout de flamme;
Il fait le beau, le sot en plus de cent facons;
Jamais le Dieu d'amour n'y sçeut tant de lecons,
Dessus un pied tantost et tantost dessus l'autre,
La teste çà delà — « Serviteur » — « Moy le vostre »
Sousris, mot a l'oreille, estocades partout,
Plis et replis de corps et glissades au bout.

Retire toy profane, osés-tu téméraire
Porter tes salletez jusques au sanctuaire.
Je scay que te vouloir arracher du péché
C'est vouloir que tu sois de toy-mesme arraché;
Et comme le loisir des personnes de ville
A tout, hors a l'amour, se peut dire inutille,
Que pour faire valoir le plus apparent nez,
Ces blondins glorieux en carosse traisnés,
Sans sujet, sans dessein que de se mettre en vue,
Comme fous dechaisnés, trottent de rue en rue.
Passe encor pour cela, puis qu'il faut aussi bien
Que chacun soit témoin de leur fade entretien.
Mais faire du lieu saint le rendez-vous du vice,
En rendre, aux yeux du ciel, la piété complice,

C'est un crime si noir que son ressentiment
Ne peut avoir pour eux d'assez dur chatiment.

Pour ce gros Capitoul qui, dans une boutique
Des affaires d'Estat contre un voisin se pique,
Je le trouve aussi fol que plaisant à mon gré.
O qu'il le fait bon voir, le visage altéré,
Disputer aigrement, ou le pour, ou le contre,
Parler de telle attaque ou de telle rencontre,
Condamner le projet ou pleindre le destin
Qui, sauvant l'Empereur, perdit le Valestin,
Et, d'un seul ton de voix de cholère animée,
Faire voler la teste au general d'armee;
Ou, jugeant du dessein, par son événement,
Accuser le conseil de peu d'entendement :
Enfin blasmer, louer d'injustice ou justice
Tout ce qui bien ou mal rencontre à son caprice.
Dans l'agitation de ce poinct serieux,
Il escume, pallit, tourne le blanc des yeux ;
Et, si quelqu'autre fat par hazard le conteste,
Il s'acharne au combat de parolle et de geste.
O l'excellent esprit ! L'habile homme d'Estat !
Mais il est tout suant et l'artère luy bat.
Je croy qu'il feroit bien de rafraichir sa bile
Et de prendre un peu l'air au dehors de la ville.
C'est aussi son dessein et je voy qu'en effet
Pour monter a cheval son appareil se fait.

— « Martin apportez luy son habit de campagne »
Il n'est ma foy pas laid pour un vieux drap d'Espagne.
Le tout n'était pourtant qu'un certain just'au corps
Qu'une panne enrichit d'un passepoil aux bords ;
Panne qui repassant par les metamorphoses
Qu'avec le temps la mode apporte aux belles choses
De doubleure a manteau luy vivant de velours
Avec ce casaquin vint achever ses jours.
Il tire du grenier une paire de bottes
A l'epreuve des rats bien plustost que des crottes
Qui pendue au sommier, sans partir de ce lieu,
Depuis plus de vingt ans ne s'accosta d'estrieu.
Il faut bien dire, a voir ce cuir tousjours durable
Que l'art de couroyer fut jadis admirable,
Ou je croirois qu'au lieu du tan accoustumé
Peut estre serait il de mumie embaumé.
D'un esperon forgé sur le mesme modele
De ceux que les François, a leur honte immortelle,
Sous Philippe le Bel laisserent à Courtray
Son precieux talon se tient tout honoré,
Un bout de maroquin contre sa cuisse applique
Une lame au Vieux Loup, de la bonne fabrique ;
Plus prest que don Quixote, avec cet instrument,
De se battre en duel contre un moulin à vent.

Vengeresse d'honneur, arbitre de la vie,
Helas tu manquas bien au Roy devant Pavie.

— « Adieu ! Monsieur, adieu ! Vous allez donc partir ! »
— « Ouy je m'en vais aux champs un peu me divertir. »
— « Comme estes vous monté? Certes à la royale
Sur un diminutif du fameux Bucéphale. »
— « Il est maigre nimporte aussi bien j'ay perdu
Depuis deux mois encor le mien de gras fondu. »
Sa bride sans sougorge et son mords sans gourmette
Se rajustent fort bien d'un reste d'éguillette.
S'il s'attent, cela vient de trop caprioler
Et la gale qu'il a, c'est fauste d'estriller.
Le voylà par pays, des reins et de la teste
Respondant par mesure au bransle de sa beste,
Un fagot sur un bast se tiendrait mieux planté !
Le jaret de son long estendu d'un costé
De l'austre raccourci presque a la Polonaise
Figure justement sa posture bourgeoise.
Il poursuit son chemin au trot, au petit pas ;
De discerner les deux c'est ce qu'il ne scait pas.
Du talon à tous coups sa monture il éveille
Sa monture a tous coups luy repart de l'oreille.
Enfin bien fatigué de sa corvée au soir
Il se trouve au logis du parent qu'il va voir.
Bras dessus bras dessous ils s'estouffent de joye
Et, dans les compliments, l'un pour l'autre se noye,
Pigeons, poullets, dindons, petits cochons de laict
Allons il faut mourir, vostre procès est faict.
N'ayez pas de regret qu'aujourd'hui on vous tue

Puisque c'est pour fester cette grande venue.
Viste la broche haut ! qu'on taste au meilleur vin :
Beuvons et com' il faut la santé du cousin !
Chacun a qui mieux mieux le sert et le régale ;
Luy de mesme a l'envie mille graces estale.
Qu'il est de bonne chère et d'aimable entretien
Pourveu, cela s'entend, qu'il ne luy couste rien !
« Au reste mon cousin, » luy fait ce personnage,
« Il faut que je decharge à ce coup mon courage ;
» Est-ce là me traiter d'amy, par vostre foy,
» De loger à la ville autre part que chez moy !
» Vous scavez l'amitié que vous m'avez promise
» Et l'on voit comme icy j'en use avec franchise !
» En un mot si jamais vous faites autrement
» Je romps avec vous dès ce mesme moment !
» En effet, mon cousin, jugez quelle apparence !
» Vous me traitez tousjours avec magnificence
» Sans prendre à ma maison seulement un repas.
» Au moins, je vous le dis, vous ne m'obligez pas. »
— « S'il ne tient qu'a cela, qu'en outre l'alliance
» Nous ne vivions tousjours en bonne intelligence,
» J'ose bien, repart l'autre, espérer ce plaisir.
» Puisque j'apprends de vous que c'est vostre désir. »
Après tous ces effets d'une fureur civille,
Le noble du pavé s'en retourne à la ville ;
Le champestre de mesme y fait un petit tour.
Il va chez son cousin luy donner le bonjour.

Pour premier compliment : — « Il vous plaira d'attendre,
« Je vais voir si Monsieur pourra bien tost descendre. »
Par grace speciale il descend a la fin,
Juste en sa bonne mine et droit sur l'escarpin.
Du moment qu'il paroist, le badaud de village
Court s'elance au devant, dedans ses bras s'engage.
Cestuy-ci le reçoit tout autant froidement ;
Cestuy-là bien honteux de son empressement
Se repent aussitot de sa franchise extresme;
Rappelle ses esprits et discourt en soy mesme :
« Hé que de changement en cet homme aujourdhuy
» Est-ce là ce parent ? parbleu ce n'est pas luy
» Si fait pourtant, c'est il : de quel air il me traite ! »
Cependant beaux discours des qualitez du temps
De l'esprit de la cour, des princes mécontents,
D'un combat, d'un procès, d'un accident notable,
De toute chose enfin hors ce qui sent la table.
Au partir, pour adieu, cent paraphes de pié,
Et cent coups de bonnet en signe d'amitié :
Le convoy de Paris civil jusqu'a la porte,
A la suite duquel, un peu premier qu'il sorte,
— « Je m'instruiray, Monsieur, de vostre logement
« Pour vous aller chez vous rendre mon compliment. »
Va maintenant, cousin, et tes banquets reproche,
Tu n'as qu'a consulter ton crédit ou ta poche;
Tarde ou ne tarde pas, mange bon, mange gras,
Fais comme tu l'entends, aussi bien tu paieras.

Et si, sur son accueil tu fondois ton voyage,
Ma foy tu passeras pour sot dans ton village.
Aussi pour y chercher la libéralité
Il faut bien ignorer les loix de la cité ;
Loix sans nom, sans escrit, plus saintes et durables
Qu'aucune de Licurgue ou bien des Douze-Tables ;
Principes establis, dès le sein maternel,
Dessous l'authorité d'un exemple éternel,
Et dont ces bonnes gens se font un catéchisme
Comme des éléments de leur christianisme ;
Que si par un hazard qu'on ne peut deviner,
Une fois en leur vie, ils donnent à disner,
Comme chose fatale et dangereuse à suivre,
Ils le croisent de rouge en marge de leur livre,
Instruisants d'un nota leurs sages descendants
De se garder surtout de pareils accidents.
Sauf après à reprendre autant sur la dépense
Et, par un peu de jeusne, en faire pénitence.
Vous confesserez donc que c'est avec raison
Qu'a chacun des repas le maistre de maison,
Par un grave discours, appelé préambule,
Ces fort beaux sentiments aux siens récapitule.
Apres le devoir fait du *Benedicité*
Que du bout de la table un enfant a chanté,
Ce digne personnage, assis dans une chaise,
De la sorte a peu près fait ceste parenthèse :
« Je ne puis mes enfants trop souvent répéter

» Ce que vous ne scauriez jamais assez gouster,
» Puis que de ceste regle, ou bien ou mal suivie,
» Depend tout le bonheur ou malheur de la vie.
» Les Romains, sans mentir, les plus sages seigneurs,
» Qui se soient employez a policer les mœurs,
» Firent presque autrefois, avec cérémonie,
» Une divinité de la parcimonie.
» Car, comme ces gens là pour lors n'ignoroient pas
» Ce que l'espargne sert au maintien des Estats,
» Pour réduire le luxe aux choses nécessaires,
» Ils bastirent exprès les loix somptuaires,
» Où l'on peut remarquer ces deux points entre tous
» Que leurs plus grands festins ne passaient pour cent sous,
» Et qu'ils ne pouvoient pas, à chaque fricassée,
» Servir plus d'une poule et ce non engraissée.
» De vray, c'est l'interest de tous en général
» Que les particuliers ne ménagent rien mal.
» Or, la table friande est le mauvais ménage
» De tous sans contredit qui couste davantage,
» Et fait le moins d'honneur, car à trois pas d'ici
» Qui scait de quels morceaux nostre ventre est farci?
» Lorsque l'on voit quelqu'un se curer la gencive
» Qui scait s'il a mangé phaisan perdrix ou grive?
» Outre qu'il est très vray que les mets de ce prix
» Altèrent nos humeurs et gâtent nos esprits,
» Ruinent la santé, nostre raison effacent
» Et, caducs, à mye terme, entre les morts nous placent.

F

» Mon ayeul a vescu quatre vingt et tant d'ans
» Sans avoir ni poil gris ni perdu de ses dents.
» Quand mon pere mourut il en avoit soixante,
» Ayant jouy tousjours d'une santé constante,
» Et moy mesme qui parle, encor assez dispos,
» Jamais fievre ou douleur n'altera mon repos.
» La cause de ce bien, ainsi que je l'estime,
» N'en est donc après Dieu qu'à leur sobre régime.
» Et quiconque vivroit autrement qu'ils n'ont fait
» De contraire méthode auroit contraire effet.
» Quantes fois a-t-on veu des maisons opulentes
» En peu de temps par là devenir indigentes?
» Combien, pour n'avoir sçeu leur table mesnager,
» Ont tant mangé qu'enfin ils n'ont rien à manger?
» Et combien, survivant aux biens de leurs familles,
» Ont veu périr leurs fils et desbaucher leurs filles?
» J'estime quant à moy beaucoup plus glorieux
» De n'aller pas si viste et de réussir mieux.
» Et je tiens pour un fol celuy là qui se pique
» De faire à ses despens si fort le magnifique.
» Un homme prévoyant épargnera son pain.
» Aujourd'hui tel en a qui n'en a pas demain.
» Regardés je vous prie à quel point de fortune
» Nos voisins ont porté leur maison bien commune?
» Quelles charges leurs fils possèdent à la cour
» Ce qui leur reste encor de revenu par jour,
» Et combien tout d'un coup il leur fallut dépendre

» Premier que se donner un tel marquis pour gendre ?
» Car les plus grands seigneurs sont forcés maintes fois,
» Pour attraper du bien, de joindre le bourgeois ;
» Des uns l'espargne, alors, des autres la despence
» Font, par les mains d'un prestre, une heureuse alliance.
» Ainsi le monde va : mes enfants croyez moy
» Il n'est que de tenir quelque chose à part soy.
» La nature de peu se contente pour vivre
» Et l'on ne peut blasmer ceux qui la veulent suivre. »
L'effet suit la parole. Aussitot qu'il eut dit
D'un bassin de brouet son valet le servit.
Quand j'en voy la liqueur et si claire et si pure,
Narcisse, il me souvient de ta triste avanture!
Trois quartiers de navet, qui luy donnent le nom,
Embarquez sans biscuit, sans lard, bœuf ou mouton,
Comme aussi de morceaux d'un débris de naufrage
Epars au gré du vent, y voguent à la nage.
Ce bouillon avalé, chacun tire un éclat
De deux lopins de bœuf cantonnés dans un plat,
Bœuf si cuit, et si tendre, et si plein de mouelle
Qu'on en fermeroit bien les arçons d'une selle,
Et que, s'il approchoit d'un fusil tant soit peu,
Pourroit en un besoing servir de pierre à feu.
Mais celuy n'a rien veu de drosle et d'agreable
Qui n'a veu comme moy d'un œil insatiable
Le combat que livroient, avec tours et destours,
Dix prunes de Brignols à dix pruneaux de Tours.

Arriere! Cachez vous, gondoliérs de Venise,
Vostre adresse en ce lieu ne seroit pas de mise;
Car bien que dans les eaux, élancés jusqu'au fond
En nageant voüs fassiez tout ce que poissons font,
Asseurez vous pourtant qu'en ce combat nautique
Ceux ci l'emporteroient et vous feroient la nique.
J'atteste les vieux temps de nos premiers ayeux
Si rencontre sur mer jadis éclata mieux !
Argonantes, Anthoine et Golphe de Lépante
Vous ne vistes jamais bataille si sanglante !
Vos plus nobles assauts, que l'on célèbre tant,
A l'esgal de ceux ci, n'estoient que jeu d'enfant.
Un pot devant le feu de quatre a cinq chopines
Sert de champ de bataille à ces âmes mutines ;
Brignoles fait son gros ; Tours met ses gens en rang
Soit pour donner de front, soit pour donner en flanc.
Leur flote, pour gagner le vent et la marée,
Prend le largue tantost et tantost va serrée.
Enfin la charge sonne et de premier abord,
Tours attaque Brignoles avec si grand effort
Que se croyant desja maistre de la carrière,
Il le met hors de route et le jette en arrière ;
Desjà c'en estoit faict, si venant au secours,
Sa droite n'eut rompu l'aile gauche de Tours.
Ce fut lors que l'attaque insigne et furieuse
Rendit aux deux parties la victoire douteuse :
Tous couchent de leur reste en ce cruel combat.

L'un gagne le devant, l'autre vient qui l'abat;
Tel, portant à cet autre une atteinte mortelle,
Par la roideur du choc se froisse la cervelle.
Tel en a dans le cœur, tel en a dans le dos
Et tous navrez à mort ensanglantent les flots;
Enfin ce n'est qu'horreur que débris et carnage
Et leur courroux sans doute en eust fait davantage,
Si du mesme valet l'impitoyable main
Ne les eut présentés pour victime à la faim :
Faim qui dans ce logis, où le ventre soupire,
Depuis plus de cent ans a tenu son empire
Et qui n'a point aussi parmi ses zélateurs
De plus passionnés sujets et serviteurs,
Ragoust pour leur dessert d'autant plus salutaire
Qu'il dégraisse la dent et purge sans clystère,
Quoyque leur plus commune indisposition
Ne vienne de rien moins que de réplétion.
Mais poursuivons le fil de ceste belle histoire.
J'oubliois, ce me semble, de vous parler du boire
C'est un mestier aussi qu'ils font si rarement
Que je n'en puis pas bien parler asseurément,
Et d'autant que souvent la graine de Brouage
Provoque l'appétit et la bourse endommage,
Ayant banni le sel de leurs plus fréquents mets
Maschent ou non à vuide, ils ne boivent jamais,
Il me souvient pourtant qu'un jour la chambrière
Relevée en tétasse et large de croupière,

Un martinet en main avec un demistier,
De la cave à grands pas enfiloit le sentier ;
Et, comme si ce vase à la petite panse
Fust de profession ou d'infidèle engeance,
Sans parrain, sans marraine et sans catéchiser
De deux fois autant d'eau je le vis baptiser.
Un petit Ganymède, officiant à la table,
En servoit au patron comme autant d'or potable,
Ganymède en ce point, non au jeu déguisé,
Soit dit à ce qu'aucun n'en soit scandalisé,
Riolé, pioté, bien gentil et bien leste,
Mais que d'un beau bougran un ample soupraveste,
Sitot que de la ville il estoit de retour,
De peur d'user l'habit, recouvroit nuit et jour.
Pour parement de sale un coteret de haittre
Fait dignement l'honneur du foyer de son maistre,
Luy qui se peut vanter d'estre contemporain
De celuy qui premier y mit jadis la main,
N'aprehendant le feu dans ceste cheminée
Non plus qu'en la forest ou sa plante fut née.
Au devant deux tisons, croisés sur les landiers,
Pour barrer, je croy, le passage aux sorciers,
Remettent en mémoire au père de famille
Le jour que sa grand'mère oublia d'estre fille.
Pincettes et palette appelent à témoin
Qu'onques de leur service ils n'eurent de besoin.
Voylà tres bien disné, cependant l'heure presse

Dites graces enfants ; j'entends battre la caisse.
Un guerrier comme luy, qui scait bien le mestier,
Ne s'esloigne jamais du drappeau du quartier.
Voyez comme il se met en posture guerrière.
Onques drille gaulois n'eut la mine si fière ;
D'une digue sangbleu relevant son propos,
La fourchette a la main, le mousquet sur le dos,
Avec écharpe blanche et bandolière verte,
Qui serait l'ennemi qui n'y trouvast sa perte !
Si Gustave eust bien eu de ces gens avec luy
Vienne n'aurait plus d'Empereur aujourd'huy !
Et si chacun faisoit aussi bien l'exercice
En vain on l'apprendroit chez le comte Maurice,
En vain, pour se former aux guerriers mouvements,
La jeunesse entreroit dans les vieux régiments !
Au bruit du patapan, deux à deux, quatre à quatre,
Vous diriez à les voir qu'ils marchent pour combattre.
— Si font ils, mais j'entends contre un oyseau de bois,
Ordinaire sujet de leurs plus beaux exploits.
A celuy qui premier pourra y faire brèche
Soldats approchez vous et compassez la mèche.
Tirez ! L'amorce prend élancant des éclairs
Et le plomb enflammé va déchirant les airs.
Le bon harquebusier ! L'excellent mousquetaire !
N'avez vous pas pris garde au coup qu'il vient de faire.
Cet autre est le meilleur ; sans doute il a vaincu !
Adieu le papegaut ! il en a dans le cul !!
    Battez tambours.

V.

LE PHARISIEN DU TEMPS,

OU

LE DÉVOT HYPOCRITTE.

> Væ autem vobis, Scribæ et Pharisæi hypocritæ
> quia clauditis regnum Cœlorum ante homines,
> vos enim non intratis, nec introeuntes sinitis
> intrare, etc.
>
> (MATTHÆI, cap. 23.)

Ainsi se prononçoit et se repète encore
Ce que l'oracle saint, que l'univers adore,
Dit aux Pharisiens condamnant leurs abus.
LECTEUR, si mon discours icy te scandalise,
Voy par cet argument quel Autheur m'authorise,
Et lequel de nous deux cela touche le plus.

MOT D'ADVIS.

Trouver mauvais qu'on maltraitte le vice, c'est le favoriser ; et
laisser régner l'hypochrisie, sans dire mot, c'est trahir le parti de la
véritable Religion. Il y a deux manières de combattre le mal : l'une,

G

*à force ouverte et tout de bon, le traittant d'ennemi considérable ;
l'autre, par le mépris, le tournant en ridicule. Celle-là siet bien aux
graves et sérieux docteurs. Celle-cy est propre aux gens de mon
humeur, qui sont nez pour le badinage et qui ne regardent pas plus
l'importance des défauts des mœurs qu'ils en remarquent le néant et
la fadaise. Chacun philosophe à sa mode, et je ne pense pas qu'Hera-
clite eust meilleure grace à se fascher de tout, que Démocrite à s'en
rire. Tous deux cependant ont passé pour grands personnages, quoy
qu'ils ayent traitté la Sagesse d'un air si contraire.*

*Il est des Esprits sur qui un trait de raillerie porte plus de coup
que l'atteinte de la plus aspre censure. Or, pourveu que ceux à qui
leur conscience fera l'application de ma Satyre se corrigent par ce
moyen, en auray-je pas autant fait, en me jouant, qu'un grand
docteur ou zélé prédicateur en peut prétendre de ses escrits laborieux
et véhéments discours ?*

*Au reste, comme je n'ay eu dessein de taxer aucun en particulier,
je veux croire aussi qu'il n'y en aura pas d'assez impertinent pour
s'en offencer en leur personne. S'il s'en rencontre pourtant quelques-
uns de ceste sorte, outre qu'ils n'auront pas raison et que je ne m'en
soucieray gueres, ils feront justement comme le singe qui ne se produit
en public que pour monstrer son derrière.*

ridendo dicere verum

Quid vetat ?

Je te suis obligé d'en user de la sorte,
Et puisque de ton cœur tu viens m'ouvrir la porte,
C'est à moy, Philémon, par mes soigneux avis,
De te respondre juste à ce que tu me dis.

Le secret qu'en mon sein ta franchise dépose
Est assez important pour bien peser la chose,
Et l'on ne peut trop bien se consulter d'un fait
Où consiste le tout de son bonheur parfait :
Je veux dire le choix d'une façon de vivre
Que pour profession un homme doive suivre,
Et qui, se rapportant à son tempérament,
Luy donne lieu d'agir d'autant plus librement,
Que, sans faire de peine à son propre génie,
Il sera satisfait de son genre de vie.
Pour ne me pas tromper, voyons donc, s'il te plaist,
Si j'ay fort bien d'abord compris ce que c'en est.

Il te faut, me dis-tu, quelqu'employ convenable,
Où tu trouves ton compte, et qui soit honorable.
Le Palais n'en a point qui te puisse toucher,
Pour si peu de profit le mestier est trop cher.
De mesme, tu n'es pas d'une humeur assez fière,
Pour courre, avec péril, la fortune guerrière.
L'Eglise, quoy que propre aux avares désirs,
S'accommoderoit mal à tes menus plaisirs.
Tu veux du Sacrement : et pour toy la Soutane,
Toute sainte du haut, du bas seroit profane.

Voylà ton embarras, grant à la vérité,
Mais qui d'un bon conseil peut estre surmonté.
Veux-tu prendre le mien ? Sans marc d'or, ny paulette,
Bréviaire, célibat, ny querelle, ny brette,
Finement aux despens du credule et du sot,
Tu n'as qu'à te pourvoir d'un estat de dévot.
Je n'entends pas dévot de ces gens sans cabale,
Qui, sur la preud'hommie appuyant leur morale,
Suivent tout simplement les loix que Jésus Chrit,
Dans son saint Evangile à ses enfans prescrit.
Ce monde là n'est bon, en ce temps de finesse,
Qu'à fournir d'auditeurs le Prône de la Messe :
Mais de ces Rafinez, qui, bien que tenants lieu
D'ouailles seulement en l'Eglise de Dieu,
Sans crainte de troubler la police divine,
S'ingèrent toutefois des mœurs, de la doctrine,
Et mesme de régler le devoir des Pasteurs
De qui les sentiments ne s'accordent aux leurs.

On les voit ces cagots, baissant les yeux sous cappe,
Faire semblant que tout, volontiers, leur échappe ;
Et cependant, au gré de leur ambition,
Faire passer sur tout leur inquisition.
Ils forment un parti ; d'intérests ils s'unissent ;
Par un commun support leur crédit establissent,
Et, d'un esprit égal touchez également,
Rapportent tous leurs soins à mesme sentiment.

Là, le plus ignorant, par son seul zèle habile,
Opine froidement, ainsi qu'en un Concile :
Fait le rude examen des actions d'autruy.
Que si lors, par hazard, il est mal avec luy,
Comme si le malheur d'avoir pu luy déplaire
Portoit exclusion d'un chemin salutaire,
Sur le simple soupçon, atteint et convaincu
D'avoir eu des erreurs, ou d'avoir mal vescu,
Il l'attaque, l'outrage et l'anathématise
Comme un membre pourri, retranché de l'Eglise.
La Cabale y souscrit, par la seule raison
Que l'Eglise avec elle a tant de liaison
Que son moindre suppost, luy tenant lieu d'Apostre,
Estre accusé de l'un, c'est pécher contre l'autre.
Comptants com' elle aussi l'infaillibilité
Entre les attributs de leur Société,
Ainsi, de ville en ville unis par fortes ligues,
Ils remplissent bien tost tout un pays d'intrigues :
Par tout mettent le nez : s'intéressent à tout,
Et de tout leur audace ignoramment resoud ;
Sans espargner les chefs de telle compagnie,
Qui, sous nom différent, menants pareille vie,
Reprochent, tour à tour, à ces accusateurs
Cent sortes de défauts aussi grands que les leurs.
Leur rendant mal pour mal : leur vaine estime pillent,
Et, comme chiens mastins, l'un l'autre se gouspillent.

Qu'un homme a de plaisir, qui sans prendre de part
A tous les demeslez de ce monde cafart,
Les voict s'estocader de plumes et de langues
En leurs discours privez, en publiques harangues,
Chaque camp contre camp, fièrement révolté,
Dégorger à l'envi leur venin empesté :
De reproches cuisants, comme d'autant de flêches,
Se faire à leur honneur d'irréparables brèches :
L'un l'autre s'accabler, et de ce vain débris
Eriger un trophée à leurs foibles esprits.
Telles je pense voir des trouppes Allemandes,
Crauates ou Lorrains, les mercenaires bandes :
Bien que de mesme armée, et sous mesme estandart,
En leur particulier elles font corps à part ;
N'ont que leur intérest, et d'exploits militaires
Ne se meslent qu'autant que s'y font leurs affaires ;
Gastent tout ; pillent tout d'une égale fureur,
Et traittent d'ennemi tout ce qui n'est pas leur :
De mesme, ces guerriers de chaire et d'escritoire,
Piquez de jalousie et d'une vaine gloire,
Quoy que sous le drappeau d'un commun général,
Ils disent ne vouloir que combattre le mal,
Estoufant toutefois la vertu la plus belle
Que Jesus Christ enseigne à son peuple fidelle,
J'entends la charité qui se doit au prochain,
Ne tendent qu'à regner, les armes à la main,

Et, pour réduire tout dedans leur dépendance,
Ne pardonnent à rien qui fasse résistance.

Après donc s'estre acquis l'injuste authorité
De disposer de tout selon leur volonté.
Comme ceste Sect, est de nature androgyne,
Monstre dans la Police, et masle et féminine,
Elle s'ingère aussi de regler le devoir
Qu'il faut aux mariez donner et recevoir ;
En sorte que plusieurs n'en reçoivent ny donnent
Que comme ces Béats en secret leur ordonnent.
Ordre non seulement sévère aux séculiers,
Mais d'authorité mesme aux troupeaux reguliers :
Du Sexe les respects de zèle s'y confondent,
Plusieurs Couvents à barbe aux Dévotes respondent.
D'autres à menton ras escoutent les Dévots :
Et tous également s'y trouvent pris pour sots.

Les fait-il pas beau voir ces Dames directrices
Aux bons Religieux rendre mille services ;
Par questes auprez d'eux d'abord s'insinuer ;
Des ornements d'autel après s'immiscuer ;
Et puis, ayant gaigné jusqu'à la Sacristie,
S'informer du dedans comme tout s'y manie ?
Quelle est la portion de la Communauté ?
Si tous également usent d'authorité ?
Si les Supérieurs y font ce qu'ils commandent ;
Et si de moins pieux non plus ne s'en défendent ?

Alors, si par malheur la discorde y prend pié
Et chasse de leurs cœurs la paix et l'amitié,
C'est là qu'aveques feu ces Dames font merveilles
D'inspirer leurs conseils aux crédules oreilles.
Elles prennent party; s'y fourrent bien avant,
Et portant hautement Convent contre Convent,
Autant que dans le monde elles ont de puissance,
Elles la font agir pour leur juste défence :
Et, lors qu'à ce dessein il faut lettres, arrests
Du Prince ou du Conseil, ces secours leur sont presls.
Ou bien, s'il est besoin d'y venir à main forte,
Bons archers ou soldats leur presteront escorte.
O ! que de telles gens souvent le zèle faux
Dans la Religion a fait naistre de maux !
Avec pareils succez les enjolleurs de grilles
Subornent aisément la foy des simples filles;
De soupçons scrupuleux remplissent leurs esprits,
Et s'en font un jouet après qu'ils les ont pris.
La haine, les dédains, le schisme et la révolte
Y preparent au Diable une riche récolte
De maint péché soustrait de leurs confessions
Et de maint sacrilège en leurs communions.
Si bien qu'en cet estat souvent les Prélats mesmes
N'y font pas grand effet avec leurs anathêmes.

Voylà, cher Philémon, à peu prez le tableau
De ces masques qu'en gros ébauche mon pinceau ;

Mais pour te faire voir, par ces traits d'invectives,
De quelles libertez, droits et prérogatives
Le saint déguisement enrichit cet employ,
Reçoy les aussi bien comme de bonne foy,
L'autheur, le moins de tous flatteur et réprochable,
T'en fera brèvement le récit véritable.

Premièrement quiconque a mérité l'honneur
D'estre une fois reçeu dans ce parti pipeur,
Soûs prétexte d'avoir réformé sa cuisine,
Pour se mortifier, peut user de lesine ;
Et par là regagner sur autant moins de plats,
Ce qu'il a trop mangé, quand il n'en estoit pas.

Item, l'homme dévot s'estant aquis l'estime,
S'il luy plaist usurer, il le pourra sans crime ;
Prendre vingt cinq pour cent, et d'une somme en prest
Sans constitution, en tirer intérest.
Ou si l'heureux hazard, peut-estre, se présente
D'adjouster à son fond un bon contract de rente,
Profitant du besoin que le vendeur en a,
De nippes en partie il le composera.

De mesme, rencontrant quelqu'âme timorée
Qu'il sente riche et propre à se trouver leurrée,
Il la mettra bien tost en l'estat sans souci
D'attendre tout du Ciel, n'ayant plus rien icy.

H

Tant il est mal aisé, luy dit-il à toute heure,
Qu'un riche en seureté de conscience demeure,
Son zèle est tel pourtant en cela pour autruy
Qu'il est près de se faire anathême pour luy.

De plus, qu'un confident l'ait fait dépositaire
De nombre de deniers attendant quelqu'affaire,
Et que l'occasion d'en faire le remploy,
Luy persuade alors que d'aussi bonne foy
Et non moins promptement il les luy voudra rendre
Comme de bonne grace il avoit sceu les prendre,
Je lui baise les mains. Il aura beau prier,
De cent délays subtils il le pourra payer :
D'absence de logis, de défaite diverse ;
Jettant quelqu'accident exprez à la traverse
Pour empescher l'effet de ce qu'il aura dit
Et cependant tousjours en faire son profit.
Ou mesme, si d'argent, pour cause pitoyable,
Un administrateur avoit couvert sa table,
Tout l'hospital deust-il en enrager de faim,
Il le fera plus tost qu'il sorte de sa main.
Le lucre sent fort bon, disait cest honneste homme,
Qui prit jadis tribut sur le pissat à Romme,
Ainsi, de quelqu'endroit et pour quelque sujet
Qu'il touche cet argent, l'usage en sera net.
Pour peu qu'il le retienne autant qu'il est habile,
Il en scaura fort bien faire un mesnage utile.

De vray, les pauvres sont membres de Jésus Chrît ;
Mais le Dévôt aussi, temple du Saint Esprit,
Qui, par charité, se faict de sa poictrine
L'auguste reposoir de sa grandeur divine.
Aprez un tel bonheur, peut-on de cet endroit
Attendre jamais rien que de bon et de droit ?
Et l'estimera-t-on capable d'une faute,
Ayant dedans le sein son Dieu mesme pour hoste ?
Quoy qu'il désire ou fasse, il n'aura jamais tort,
Et son crédit au Ciel le rendra plus fort.
Il n'a qu'a sçavoir bien diriger sa pensée ;
Sa conscience aprèz ne peut estre offensée
Le bien qu'il a d'autruy l'accommode à bon droit :
Il en usera mieux que l'autre ne feroit.

Pareillement, s'il manque au payement de ses dètes,
Ses œuvres pour cela n'en sont pas moins parfaites.
Il suffit qu'il le sache, et que, le sçachant bien,
Il n'ait l'intention de lui desrober rien.
De restitution il n'est tenu d'en faire,
Que du bien, s'il en a plus que le nécessaire :
Ce qui se doit entendre : autant qu'il le pourra,
Et ce pourra de mesme autant qu'il le voudra.
Ainsi, sur le besoin, mesurant sa justice,
Il est homme de bien au gré de son caprice.

Mais, s'y deust-il tromper, son mérite est si haut
Que cent autres vertus réparent ce défaut.

Est-il d'humilité plus syncère et profonde!
On les void ces Messieurs en présence du monde,
A tout' heure porter la chaise et le grabat
Où contre les douleurs un malade combat.
A pied, de l'hospital prendre la grande rue,
Sans vouloir toutefois se rencontrer en vue,
Que pour édifier, par leur sainte ferveur,
Et porter les passants à bénir le Sauveur ;
Leur laissant volontiers, pour part de cet ouvrage,
Les autres actions où la bourse s'engage ;
Contents de leur donner, par ce transport de corps,
L'avis de soulager les maux de leurs thrésors.
Heureuse charité! dévotion propice !
Mais beaucoup plus encore aux malades du vice!
Vous le sçavez, pilliers de confessionnaux,
Prestres, vous le sçavez le fruict de leurs travaux!
Et vous mesmes aussi, belles Magdelonnetes,
Chez qui, par leur moyen, se font tant de retraites!
Vous nous le diriez bien, par quels ressorts divers,
Ces bénits happechairs vous ont mises aux fers.
Qui les fait s'acharner si fort contre des filles,
Si cest point l'intérest de leurs propres familles,
Ou le dépit jaloux de Dévotes sans dents,
Pour n'avoir plus de part aux mesmes passetemps,
Et qui, faute d'employ, faisant les preudes femmes,
Des cendres de l'honneur couvrent leurs vieilles flames !
En ce malheur pourtant du sexe sensuel

Toutes n'éprouvent pas un Destin si cruel.
Si quelqu'une n'est point tout à fait esclandrée,
Et qu'elle sçache un peu faire bien la sucrée,
Avecques la faveur d'un frère du parti
Qui de vieux debausché fera le converti,
Eust-elle esté cent fois et poussée et blousée,
On ne laissera pas d'en faire l'espousée
De quelqu'adolescent, surpris au trébuchet,
Sur le rapport trompeur que la prude en a fait.
Sauf à luy par aprez qu'il sçaura cette escorne,
A ruminer sa honte, en animal à corne.
Elle n'a que bien fait dans le juste dessein
De recouvrer l'honneur d'une honneste Putain.

D'autre part, le Dévot d'autre manière en use,
Avec l'authorité faisant agir la ruse,
Il va, quand il luy plaist, dans les infâmes lieux,
Et sans en redouter l'accez contagieux,
Afin de retrancher aux filles de délices
Les moyens de pouvoir continuer leurs vices,
Il lève la toilete, et volle saintement
Ce qu'il void de meilleur en leur ameublement,
Sans que cela pourtant s'appelle vollerie :
Parce qu'il a dessein d'en faire une œuvre pie.
Mais, comme l'imprudent, qui cherche le péril,
Dans le péril souvent trouve un malheur subtil,
Il arrive parfois qu'alléché par l'amorce,

Contre un si doux poison il a trop peu de force,
Et, pour nous monstrer nostre imbécilité,
Il se perd à l'écueil de l'impudicité.
Mais un bon *peccavi*, qui de prez suit l'offence,
De ce péché bien tost purge sa conscience.
C'est aux plus gens de bien que, par divers appas,
Le Diable, qui les hait, prépare plus de lacs.
Et c'est pareillement dessus le Putanisme
Qu'avec plus de succez agit le Dévotisme.

Par mesme privilege et sans contrevenir
Au devoir du Dévot, il pourra retenir
De ses premiers défauts tournez en habitude,
Le scandale dehors, ce qu'ils ont de moins rude ;
Se conserver tousjours quelque péché mignon,
Et non moins que bigot estre bon compagnon.
Ainsi l'homme bouillant, dont la bile s'allume
Et par mille serments vuide son amertume,
Prévenu bien souvent des premiers mouvements,
Peut encores tout bas jurer entre ses dents
Et pour évaporer le feu de sa colère,
Par les termes moins durs que le dépit suggère,
Convertissant en B. le D. du nom de Dieu,
Lascher encores par fois une bonne Mort Bieu.
De mesme celuy là, dont la bouche friande
Se flattait à plaisir d'une esquise viande
Et faisoit du bon vin son idole autrefois,

A droit, quand il le veut, d'en prendre encore deux doigts;
Et, pourveu que ce soit avec gens de sa trouppe,
Jouer du Saupiquet et faire assaut de crouppe.
La Grâce de nos sens tous les droits ne destruit;
Dans leur réforme ainsi leur premier goust les suit.
S'ils aimaient du procès la pratique profane,
Ils n'en sçauront pas moins se servir de chicane.
Par argent ou surprise excroquer des arrests,
Consumer leur partie en des immenses frais,
Et du crédit des Loix authorisant le vice,
La ruiner en fin par formes de justice.
Car des autres défauts, si chacun a le sien,
Ce dernier est commun à tous ces gens de bien;
Et semble qu'à l'égal de ce que ceste race
Se dit plus fortement aspirer à la Grâce,
Elle se plaist au chic; et plaide d'autant plus
Que son extérieur contrefait de vertus.
Qu'il leur arrive aussi d'avoir peut estre affaire
Avec quelqu'un suspect de sentiment contraire :
Ait-il raison ou non, ce sera mériter
De le pouvoir par là combattre et surmonter;
Et tout ce qu'il perdra sera de bonne prise
Sur l'ennemi juré de leur dévote Église,
Sans grâce ni quartier, s'ils en ont le dessus;
Lasches au dernier poinct, quand ils n'en peuvent plus.
Cependant ce ne sont qu'actions méritoires,
Élévations d'âme et vœux jaculatoires,

Adorants en esprit, de la mesme façon
Qu'aux parfaits le Sauveur en donna la leçon,
Ils quittent, pour ce fait, aux âmes plus grossières
L'usage accoustumé des communes prières.
Comme sur tout au monde ils sçavent rafiner,
A leur propre conseil voulant s'abandonner,
Par route de traverse aux astres ils s'élèvent.
Par là de l'hiérarchie abandonnant le train
De l'esprit d'union ils s'écartent soudain.
Font autel contre autel, dans leurs transports extrêmes,
N'approuvent rien d'autruy, présument tout d'eux-mêmes,
Et, comme si la mode avait aussi bien lieu
Qu'en tout autre sujet au service de Dieu,
Traittent le Rituel de vieille fripperie,
D'un Formulaire à part munissent leur frairie ;
Et laissent par son choix aux moins illuminez
Le culte des vieux Saints à leurs goustz surannez :
Tout nouveaux en conduite, en prières, en zèle,
Ils ne vont qu'aux Béats d'impression nouvelle.

Tu vois, mon Philémon, l'historique discours
Que je t'avois promis du Dévot de nos jours.
C'est ce Pharisien qu'en la Saincte Escriture,
A tous coups l'Homme-Dieu si rudement censure.
Ce sont ces Réformez, spirituels filous,
Qui veulent s'ériger en Apostres chez nous,
Sans droit, capacité, titre ny charactère,

Que de gens qui font tout, hors ce qu'ils doivent faire.
D'une feinte vertu sectateurs orgueilleux,
Linx clairvoyants pour nous, taulpes sans yeux pour eux,
Car, pour ces pauvres fous, qui, les épaules nues,
En pèlerins de grève, à pié, courent les rues,
Leur cervelle me semble un peu trop de guinguois
Pour les oser placer au rang de ces narquois,
Si non qu'ils vueillent bien, en ce bel équipage,
Passer pour Harlequins du dévôt bastelage.

I

VI.

LE GUEUX RAFRAISCHI.

A M.

Sçachant que mes vers à les lire
Ne vous semblent point mal plaisants,
Je vous envoye une Satyre
Sur ces voleurs de Partisans.
Que si, dans ce transport de haine,
Je n'en fais pas tant qu'il faudroit,
J'ay crû, pour soulager ma peine,
Que Jean Guillaume acheveroit.

Vois-tu ce champignon, ce germe d'une nuict,
Ce cocu reformé qui nous fait tant de bruit?
Ne l'as-tu jamais veu petit clerc de notaire
Ou plus tost d'un sergent l'honneste secrétaire,
S'instruire aux traits de plume, apprendre le mestier
De tirer du public jusqu'au dernier denier ;

Adjuster avec soin son front à l'impudence,
Pour couvrir de justice une injuste licence.

Mais non, ce n'est pas luy, car je l'ay veu couvert,
Ce me semble, autrefois, de bleu, de jaune ou verd,
L'habit à quatre bras, avec la cale bleue
Qu'un renard relevoit tout autour de sa queue.
Dez lors quelqu'un m'a dit que ce gentil valet
N'estoit pas mal habile à porter le poulet,
Et qu'estant pour cela d'humeur assez discrète,
Il ménageoit fort bien une intrigue secrète ;
Sçavoit tout à propos donner le lieu, le temps
D'en prendre avec plaisir les divertissements.
Aprez avoir ainsi fait son apprentissage,
Se sentant élevé pour faire davantage,
Au sortir de laquais il devint ce qu'il est
Auprez d'un Partisan dont il prit l'intérest.
Mais, le portant sitost de l'un à l'autre extresme,
Fortune fit bien voir qu'elle est tousjours la mesme :
Peu difficile au choix, suspecte aux gens de bien,
La seule qui prétend faire beaucoup de rien.

Vous auriez de la peine à dire quel office
Chez ce Monsieur d'abord le mit en exercice ;
Il n'estoit ny laquais ny commis ; et pourtant
On le voyoit à pied, le plus souvent trottant,
Habillé d'un gris brun, couvert d'une casaque,
Qui fut jadis manteau, jusqu'à ce qu'en l'attaque

D'un maistre ravaudeur il reçeût un soufflet.
Il devoit, le matin, tenir l'escalier net ;
Et quelquefois aussi, mettant la main aux crottes,
Soulager la servante à nettoyer les bottes.
Sa charge l'obligeoit d'informer le Bureau
Si l'on tenoit ou non le Conseil ou le Seau ;
Et, si lors d'un Traitté, certaines circonstances
Faisoient aller Monsieur au Conseil des Finances.
Soit qu'il allast à pied, soit qu'il prist un cheval,
Ce garçon le suivoit, mais souvent assez mal,
Pour ce que désormais son peu de suffisance
Luy faisant concevoir beaucoup plus d'espérance,
Dun costé, combatu de son ambition,
De l'autre, du néant de sa condition,
Et honteux et forcé de suivre à pied son maistre,
Il s'écartoit de luy ; le voyant disparestre,
Il enfiloit la rue, il redoubloit le pas,
Pour prendre son cheval lorsqu'il mettroit pied bas,
Et tirer de son bras un sac de panne noire
Gros de force papiers, d'un compte, d'un mémoire,
D'articles allouez, d'un estat arresté,
De propositions pour un nouveau traitté.
Ce sont les instruments dont les rudes allarmes
Excitent parmi nous de si tristes vacarmes.

Voylà Monsieur logé pour trois heures du moins.
Cependant, l'intérest occupe tous ses soins,

Et le manque d'employ du valet l'humeur sote.
Le nez dans son manteau, ses dents battent la note
Dont ses pieds engourdis dansent les matassins.
Le voyant sans couleurs, un laquais des plus fins
Le pousse d'un costé, s'empare de sa place,
Luy seringue le nez, lui fait une grimasse;
Estonne son cheval, luy fait quitter l'arçon
Et se joue à plaisir de ce pauvre garçon.
Mais non pas tous les jours, car souvent on l'envoye
Faire escorte à l'huyssier qui court après la proye;
Il fait le stipulant, signe comme records,
Et tranche du prévost pour se saisir d'un corps.

O vous qui triomphez de nos tristes misères,
Nation inconnue du siècle de nos Pères,
Les Favoris du temps, Messieurs les Partisans,
Excusez si mes vers son trop peu complaisants
Et ne respondent pas à la magnificence,
Et de vostre équipage et de vostre despence.
Il faudroit pour me rendre icy considéré,
Tout estant d'or chez vous un langage doré.
Trouvez donc bon, Messieurs, que pour le plus commode
Je traitte ce discours, s'il vous plaist, à ma mode;
Et ne vous offencez qu'aussi d'un mesme trait,
Je figure un pendart avec vostre portrait.
La rencontre en sera d'autant plus excusable
Que ce double visage est presqu'inséparable.

Il est vray, ce jeun' homme a reçeu du mépris,
Mais deux cents mille escus en sont enfin le prix :
Le maistre, remarquant en cet homme vulgaire
Un esprit toutefois propre pour faire affaire
De valet à deux mains l'establit son commis.
Luy qui croit que dez là tout luy sera permis,
Monte jusqu'au Bureau, dessus le Buffet monte.
Monsieur le Partisan, pour cacher ceste honte,
Consent qu'avec sa niepce il reste marié,
. Et de simple commis qu'il devienne allié.
Aussi tost maryé, le voylà sur la place
Comm' un homme important, pour voir ce qui s'y passe.
Ce qu'il a de sa dost y court en intérest ;
A quarante pour cent s'en mesnage le prest ;
Et la somme excessive où l'intérest se monte.
Dans l'obligation prudemment se précompte.
S'il vient quelque bruit sourd du rabais de l'argent,
Il se garde fort bien d'envoyer le sergent
Chez ceux de qui les noms garnissent son registre ;
Mais, pour mieux prévenir cette attente sinistre,
Il fait de l'honneste homme, il offre son pouvoir ;
Ou, s'il doit à quelqu'un, il cesse de devoir.
Il vide enfin ses mains et prend son avantage
Du besoin où l'erreur de son voisin l'engage.

Que si l'ordre pressant des affaires du Roy
Demande des deniers pour quelque prompt employ,

Aussi tost son esprit met en jeu ses pratiques,
Pour tirer son profit des affaires publiques :
D'une somme comptante, à l'égal d'un Soleil,
Il éblouyt la veue à Messieurs du Conseil.
Il propose un parti, la saison l'authorise ;
Il a pour son forfait ses deniers de remise ;
Un du Croc, un Maldent, intervient au Traitté ;
Luy se rend caution de cet homme emprunté,
Et pense, par le nom d'un cocher honorable,
Se purger du soupçon de ce mestier damnable ;
Tant il a depuis peu l'âme noble et du cœur
Qu'il est jusqu'à ce poinct jaloux de son honneur !
Un tel n'ignorant pas qu'une lasche coustume
Chez plusieurs met l'espée au-dessous de la plume,
Aprez le long narré de motifs les plus beaux,
Il fait verifier force officiers nouveaux ;
L'Epargne à cet effet délivre ses quittances ;
Jussions coup sur coup ; dispenses sur dispenses,
Et cependant Monsieur, Monsieur l'Intéressé
(Du nom de Partisan on se tient offensé.)
Depesche par pays ses gaillards émissaires.
Un autre qui sçait bien que d'effets volontaires
Il ne se tire pas un denier si comptant,
Que ce retardement incommode un traittant,
Met alors en avant taxes fixes forcées.
(Qui Diable auroit jamais de semblables pensées !)
Aussi tost que l'Estat s'en pourra depescher,

Qui n'aura de l'argent c'est à luy d'en chercher.
Snr tout, gardez-vous bien d'en venir aux atteintes :
Quoy que ce soient brigands, ce sont personnes saintes.
C'est estre criminel de lèze-Majesté
Que d'oser s'opposer à leur authorité,
Et mesme impunément on ne peut leur déplaire.
Quoy? C'est l'homme du Roy, cet homme necessaire,
Sans lequel le Conseil croit à peine aujourd'huy
Qu'on peust faire la guerre et se passer de luy.
Au poinct qu'on peut conter ces Messieurs des Finances
Pour un quatriesme Estat entre ceux de la France,
Qui dépendent si bien de ce dernier tous trois
Qu'ils n'ont que ce qu'ils veulent leur laisser de leurs droits.

Ainsi favorisé d'une erreur à sa mode,
Il fait passer pour bon tout ce qui l'accommode,
Si ce n'est quand la Cour, de dépit s'animant,
Faute d'argent lui fait querelle d'Allemand ;
Gare, à ce coup, pour luy la Chambre de Justice.
Lors seulement croit-il que voler soit un vice.
Mais qu'en est-il enfin? On en prend un ou deux,
Non des plus criminels, mais des plus malheureux,
Encore malheureux pour manquer de ressource :
De gens accommodez on ne pend que la bourse.
Le Roy met aisément au néant un arrest,
Luy payant quelque taxe, ou faisant quelque prest ;
Et quand on luy prendroit dix mille escus de rente,

K

Jamais le bon Seigneur ne s'en revoid cinquante.
A vingt cinq ou trente ans il ne s'en parle plus,
Et dans les autres biens ceux-ci sont confondus.
Voyez-vous le négoce et la supercherie
Qui comble le buffet et garnit l'escurie ;
D'où naissent les suivans, commis, entremetteurs,
Les courtisans d'argent et les solliciteurs ;
Et qui fait aujourd'hui que ces personnes vaines
N'aspirent à rien moins qu'à des cours souveraines.

Romans, ne vantez plus vos palais enchantez !
Qu'on se taise, Alcoran, des molles voluptez
Que ta brutale secte espère après la vie :
Ceste autre, dès ce monde en demeure assouvie.
Et ces gens ne sçauroient proposer à leur sens
De si charmants objets qu'ils n'en soient jouyssants.
Le goust ou le toucher n'y produit que merveilles.
Veullent-ils un train leste ou des meubles exquis,
Ou des beaux bastiments ? Cela leur est aquis.
Mais qui peut égaler la dépense honorable
Que d'ordinaire ils font pour l'Amour ou la Table ?
Tout marche de mesme air, et leurs divers désirs
Fournissent seulement de bornes à leurs plaisirs.
Qu'un prince, par hazard, approche de leur terre,
Il ne le fera pas qu'il ne boive à leur verre
Et dira cependant : « Voyci d'excellent vin ! »
Et le tout aux despens d'un splendide coquin !

De mesme ses suivants : « A vous, Monsieur nostre hoste, »
C'est icy la santé de la Dame Maltoste !
En voulez-vous encor ? Ces races de laquais
Ces marautz empannez qui ne sceurent jamais
Aucunes dictions, ou latines ou grecques,
Ces asnes, cependant ont des Bibliothecques.
Pensant mesme tenir Phœbus assujéti,
Et réduire, je croy, la Science en parti.
Pourquoy non. Puisque mesme on a veu les Églises
Ne pouvoir s'asseurer contre leurs entreprises ;
Et que s'estant gorgez des biens sacerdotaux,
Ils ont encore pillé jusques aux hospitaux.

Cet éclat toutefois, ceste belle dépense
A pour vallet de pied souvent la décadence :
La Banqueroute suit, qui d'un terme plus doux
Ne s'appelle aujourd'huy que Faillite entre nous,
Où s'estant espuisez, pour faire entrer leurs filles,
Par une porte dor aux plus grandes familles,|
Où destournant le fond de leurs plus clairs deniers,
Exprès pour obliger leurs tristes créanciers
A composer plus tost de leur douteuse dète.
Ainsi ces éveillez, qui courent la malette,
Pensent bien obliger un pauvre malheureux
De faire entrer sa bourse en partage avec eux.
Ce n'est pas peu pourtant d'avoir leur connoisssance :
On sourit aux valets, on fait la révérence

Au maistre du logis, qui marchant en Caton,
Passe superbement sans dire que veut-on.
Ingrat aux plus civils, sourd aux belles parolles,
Sensible seulement à l'éclat des pistolles.
Vous souhaitez le voir? « Monsieur ne se void pas.
» Hier, il veilla trop tard ; il s'en trouve encor las.
» Monsieur a compagnie ; il est à table, il dine.
» Il gardera le lit, il a pris médecine. »
Demain vous reviendrez ; mais, peut-estre demain
Aussi bien qu'aujourd'hui, vous reviendrez en vain.
Importune rigueur! accueil insupportable!
Un honneste homme attend un coquin à la table.
Un fils de savetier prend ses commoditez.
C'est forcé : chez ces gens le poids des qualites
Ne se reconnoist poinct qu'au bransle des balances ;
Il faut parler comm'eux, langage de finances,
C'est-à-dire, sçavoir promettre, mais fourber,
Beaucoup dire, oser tout, en un mot dérober.
Accusons-en le Temps : quand le mal est extresme,
Tout ce qui s'ensuit d'ordinaire est de mesme ;
Mais ne le fust-il pas, ce n'est rien de nouveau
Que l'un serve d'enclume, et l'autre de marteau.

TABLE DES MATIÈRES

www.ingramcontent.com/pod-product-compliance
Lightning Source LLC
Chambersburg PA
CBHW071809090426
42737CB00012B/2015